やりたいことを全部やる！時間術

超效率工作术

成为"时间富人"的秘密

[日] 臼井由妃 /著　　于潇彧 /译

机械工业出版社
CHINA MACHINE PRESS

Original Japanese title：YARITAI KOTO WO ZENBU YAU! JIKANJUTSU
Copyright © Yuki Usui 2018
Originally published in Japan by Nikkei Publishing, Inc. (renamed Nikkei Business Publications, Inc. from April 1, 2020)
Simplified Chinese translation rights arranged with Nikkei Publishing Inc. through The English Agency (Japan) Ltd. and Shanghai To-Asia Culture Co., Ltd

北京市版权局著作权合同登记　图字：01-2019-6069号。

图书在版编目（CIP）数据

超效率工作术：成为"时间富人"的秘密／（日）臼井由妃著；于潇彧译. —北京：机械工业出版社，2020.8
ISBN 978-7-111-66164-1

Ⅰ.①超… Ⅱ.①白… ②于… Ⅲ.①时间-管理-通俗读物　Ⅳ.①C935-49

中国版本图书馆 CIP 数据核字（2020）第132359号

机械工业出版社（北京市百万庄大街22号　邮政编码100037）
策划编辑：刘文蕾　　　　　责任编辑：刘文蕾　仇俊霞
责任校对：孙丽萍　　　　　封面设计：吕凤英
责任印制：张　博
三河市骏杰印刷有限公司印刷
2020年9月第1版第1次印刷
145mm×210mm・7.375印张・132千字
标准书号：ISBN 978-7-111-66164-1
定价：49.80元

电话服务　　　　　　　　　网络服务
客服电话：010-88361066　　机　工　官　网：www.cmpbook.com
　　　　　010-88379833　　机　工　官　博：weibo.com/cmp1952
　　　　　010-68326294　　金　书　网：www.golden-book.com
封底无防伪标均为盗版　　　机工教育服务网：www.cmpedu.com

前 言
支配时间，去做想做的事

"没有时间，所以没有余力去尝试新的事情。"

"没有时间，所以没法好好放松下来。"

"没有时间，所以没法享受自己的兴趣爱好。"

"没有时间，所以疏忽了人际关系。"

世上像这样因为"没有时间"，在工作和生活中无法得偿所愿而苦恼的大有人在。而且，还有不少人会说，"要是有时间就好了，就可以做更多想做的事了"。

但我觉得这种想法不太对劲。他们真的是因为没有时间而无法做想做的事吗？

我认为，"没有时间，所以不能……"只不过是一个借口。

之所以这么说，是因为还有很多人在加倍努力比别人做更多的工作，比别人享受更多丰富多彩的个人爱好，也比别人更重视人际交往。我身边就有不少这样的人。

他们当然也跟其他人一样，一天只拥有 24 个小时。既然这样，那为什么他们能做各种各样的事呢？

我把前面提到的那些人叫作"时间穷人"，把后面的那些人称为"时间富人"。他们之间的区别在哪里呢？

- 再忙也要去做所有想做的事！

其实，我以前也是一个"时间穷人"。

33 岁的时候，一直都是全职主妇的我，由于丈夫患病，突然间不得不接替他的社长位置，要知道，我当时可是对商业一窍不通啊。

不管怎么样，我先要把迫在眉睫的公司借款问题给解决了。为了支付时时刻刻都在增加的利息，我不停奔波于金融机构与公司之间，根本无暇顾及新产品的研发和营销。

那真是一段和时间赛跑的日子。

"没有时间"成了我的口头禅，我甚至连自己真正想做的事都找不到，整日在痛苦中度过。"忙"字拆开就是"心亡"，在这种状态下，我就是一个典型的"时间穷人"。

这样的生活持续了三年。幸运的是，我开发的产品大受欢迎。之后，我的社长工作迎来了最忙碌的时期。这时，出现了一件我无论如何都想去尝试的事情，那就是考取一个与工作相关的资格证。

做这件事，动机有二。

一是此举对我们这样销售健康器材的公司将来的产品研发有帮助，二是想检验一下世人所说的"外行的运气"。

果然是产品卖得越好，社长工作就越忙。我根本没有时间去学习，处于那种"没有时间，所以没办法进行学习考证"的状态。可是，我无论如何都想要考取这个资格证。

所以我就抱着"去做就一定能行"的信念，还是想办法安排了时间。于是，在短时间内就成功考取了这个资格证。

当然在这期间，我的本职工作没有受到任何负面影响，年销售额反而还实现了两位数增长。

当一个人想要做什么的时候，时间永远不会拒绝他。

我深切地体会到了这个道理。

- **如果能支配时间，余裕与金钱将随之而来。**

那之后，我在兼顾社长工作的同时，还陆续考取了宅建士（译者注："宅地建物取引士"的简称，类似房地产经纪人）、行政书士（日本所特有的，代理个人或企业法人与政府部门打交道，例如处理登记、批报、办理执照、项目审批等业务的职业）等与商业相关的资格证。这期间我还开始接受电视台或杂志社的采访，并以每年数本的频率接受写书邀约，并兼任经营顾问及演讲、研讨会的讲师，事业的宽度也得到了很大的拓展。

有人会想，有这么多事情要做，你一定是每天都忙得晕头转向吧？没有业余时间，每天都睡眠不足吧？忙忙碌碌的，连放松和游玩也不得不放弃了吧？

然而出乎这些人的意料，他们全想错啦。

我每天睡足七个小时，有充足的时间放松身心，还开始了新的爱好和学习内容，每一天都感到欢欣雀跃。

本职工作当然也没有懈怠，自从步入商界以来，我一直很健康，从未中断过工作，日程也已经排到三年以后了。

想做的事情都能做到，然后内心和金钱也都余裕起来了。

这么说有点儿沾沾自喜，不过不好意思，这就是现在的我。

为什么能做到？

到底该怎么做？

答案就在这本书中。

本书在日本被誉为时间术及工作术的经典著作，它将广大读者读过的那本《一周的时间从星期五开始》，进行了大量与时代契合的加工，编写、制作成了能够时时陪伴在读者身边的一本小书。

现在，随着电子邮件、智能手机、社交网络等电子工具的普及,"时间穷人"正在变得越来越多,对此我非常担心。

即使是这样,我还是希望你能够成为"时间富人",想做的事情全都能做到,并且在内心和金钱上都余裕起来。

去做所有想做的事!

做到所有想做的事!

本书要介绍的工作方法和时间管理法,并不是什么复杂的技术,都是我从自己的经历中学到的,并且现在也依然在运用的方法。像我这种上学时考试经常不及格,三十多岁以前连一本商业方面的书也没看过的人都能做到,你们更没有理由做不到。

希望大家看了这本书,能够从"时间穷人"的生活状态中解脱出来,一点点地接近"时间富人"的目标。

臼井由妃

目 录

前言 支配时间，
　　　去做想做的事

01
能干的人，并非吝啬时间，而是让时间变"稠密"

第一章
时间管理的基础——时间密度

1. 用"加法"而非"减法"来考虑时间　　　...003
2. 窍门：与其增加时间不如提高密度　　　...006
3. 不要吝啬金钱和时间　　　...008
4. 忙碌时学习，内心更从容　　　...012
5. 减少与人会面的时间也成不了"时间富人"　　　...015
6. 提高时间密度的人与降低时间密度的人　　　...018
7. 成为"时间富人"就能变成好男人、好女人　　　...021

IX

02

仅仅善用在人际交往和沟通上的时间，就能产生巨大的差别

第二章
成为时间的支配者

1. 不要松开"时间之网" ...029
2. 防范"时间小偷"的手机活用术 ...033
3. "时间小偷"又来啦 ...036
4. 说话不要没完没了 ...038
5. 初次见面称呼全名，能立刻缩短距离感 ...043
6. 写亲笔信反而能节约时间 ...048
7. "时间穷人"与"时间富人"的区别：
   是否善于用人 ...053
8. "干得好"比"加油干"能创造出更多时间 ...057
9. 掌握10种知识，不如认识10个"掌握
   知识的人" ...059

03

"暂且"是最大的"时间小偷"

第三章
电子邮件、社交网络清理术

1. 对信息和人广泛而粗浅的了解都是徒劳 ...065
2. 会工作的人不"立即回复" ...068
3. 多写一行"P.S."，瞬间提升邮件效率 ...071
4. 改变称呼，能拉近距离、节省时间 ...074
5. "CC"越多，效率越低 ...077
6. 电邮达人的3个时间缩短术 ...080
7. 即刻与自我满足的社交网络说再见 ...083

04 不断达成目标的人如何订立计划

第四章
一周从周五开始

1. 一周从周五开始 ...089
2. 主动把期限提前 ...094
3. 将所有计划整合到一个日程表中 ...097
4. 写不下的信息用便笺 ...101
5. 如何避免"三天打鱼，两天晒网" ...106
6. 提高明日时间密度的 3 色马克笔活用法 ...109
7. 工作计划与生物钟的结合 ...113
8. 用睡前"模拟演练"为第二天做准备 ...115

第五章
思考时间不要超过 15 分钟

1. 15 分钟以上的思考都是浪费时间 ...119
2. 完成 60% 的进度时回头检查 ...124
3. 用"模仿"提高时间效率 ...127
4. 用钱"买时间" ...131
5. 与自己的时间价值相称的时间使用法 ...133
6. 书桌未必是工作的最佳位置 ...137
7. 事前助跑，提高时间密度 ...138
8. 提高会议时间密度的 7 个技巧 ...141
9. 认真琢磨更省事的方法，会使时间变更多 ...144
10. 先干起来，之后干劲儿会越来越足 ...146
11. "欲望"能缩短达成目标的时间 ...149

05 工作快手的思考方法和思维方式

XI

06 适应高时间密度的自我训练术

第六章
大脑全速运转，时间效率倍增

1. 不好好吃饭，工作也没法尽早完成 …157
2. 均衡锻炼大脑和身体 …160
3. 每天保持状态良好的睡眠术 …163
4. 调整作息与饮食，预防身心老化 …166
5. "凌晨2点起床"，紧握时间主导权 …170
6. 不要改变已习惯的起床时间 …173
7. 一大早就全速冲刺的方法 …175
8. 萎靡不振是"时间富人"的天敌 …178

第七章
善用时间的小窍门

1. 为什么一戴上手表就成了"时间富人" …185
2. 用模式化去除"犹豫时间" …188
3. 时间达人的桌面更有规律 …190
4. 推荐使用"碎片时间目录" …192
5. 不要过度活用"碎片时间" …196
6. 买一个扔两个 …199
7. "每年回收300小时"的方法 …202
8. 不存垃圾 …205
9. 只快速获取想要的信息 …207
10. 关注报纸的广告和版面 …209
11. 秒变写作高手的"快速文件制作法" …212
12. 早晨按照"一早、一早"的规则行事 …215

结语　提高时间密度的魔法咒语 …220

07 那些工作快手常用的"制造"时间的小习惯

第一章

时间管理的基础
—— 时间密度

能干的人,并非吝啬时间,
而是让时间变"稠密"

用"加法"而非"减法"来考虑时间

听到我的经历的人经常会说:"这么忙,你还能做这么多事情啊。"

- 经营两家公司
- 每年做 60 多场演讲
- 每年至少写 3 本书
- 每年考取一种国家资格证
- 接受电视台或杂志社的采访

在丈夫病逝之前,我还一直兼顾做家庭主妇。

可能有人会想,能同时做这么多事情,一定是个超级才女吧。很遗憾,并不是。虽然我这么说不太合适,可我的的确确就是个平庸之人。而且,在 33 岁接替丈夫的事业之前,我连一本商业方面的书籍也没有看过。

就是这样的一个我，为什么在旁人看来就像是"一天拥有不止 24 个小时"似的，可以尝试各种各样的事情呢？

本书将向大家详细介绍"臼井式时间管理"的方法。不过首先，让我们先来消除一个大误解。

很多总是抱怨"没有时间"的人经常会有一些误解：

"因为要做的事情太多，所以时间不够用"；

"如果少做一些事情，时间就会多起来"；

"工作太忙了，根本没时间准备资格证的考试"；

"忙于家务和育儿，完全抽不出时间去享受自己的兴趣爱好"；

"现在的时间已经够紧张的了，如果事情再多的话该如何是好呀"……

读者朋友们，你们是否也曾说过这种话呢？是不是也曾有过"想做些什么"，可是"没有时间只好作罢"，或是为了"做某事"而不得不"放弃正在做的事"呢？这些话听起来好像很有道理，而且可以成为"不做某事"或"放弃某事"的绝好借口。

其实，这就是那个最大的误解了。如果你一直这么想，时间就永远不会给你自由。

让我们从结果来看看。

在进行时间管理的时候，对于"没有时间，所以不能做 ×

×××""如果不做×××了,就有时间做×××了"这样的"减法思维"请断然弃之。

然后,请把"要是做那个,就干不了这个了"这种"那个还是这个"的思维方式换成"那个也,这个也"的"加法思维"。这就是从"时间穷人"变身为"时间富人"的一大原则。

——才不是呢!若真用"那个也,这个也"的思维来做的话,到最后肯定全都会半途而废的!——我好像听到了这种反驳的声音呢。但请你冷静下来,看看周围,然后找一找那些你认为"很能干"的人。

看看他们有没有因为没时间而拒绝新的工作?有没有抱怨每天加班导致自己没法干喜欢的事呢?

一定没有吧。他们一定是在积极地尝试各种新的事情和自己想做的事情。对,他们就是在按照"那个也,这个也"这种把时间做加法的思维方式行事的人。

而用"那个还是这个"的减法思维来思考时间的人却总在抱怨"没有时间""做不了喜欢的事",不是吗?

为什么会出现这种反差呢?这里面有几个原因,下面我就来详细说一说。如果理解了这部分,你就已经向"时间富人"的目标迈进了一大步。

不要"那个还是这个"要"那个也,这个也"才行。

2

窍门：与其增加时间不如提高密度

每一天，我们每个人都平等地拥有有限的 24 个小时，这是无法改变的事实。但如果能将 1 个小时的时间密度增加到原来的 2～3 倍，就可以在同样的 24 小时里做比别人多 2～3 倍的事情。

"'那个也干，这个也做'，就增加了时间密度"，这就是"那个也，这个也"这种加法思维可以帮你成为"时间富人"的第一个原因。

我非常想把自己的所见所闻和人生经验告诉更多的人，所以一直积极致力于写作。又因为想让更多的人听到我真实的声音，我还会经常到各地去演讲。

但我并没有因此怠慢其他事情。为了兼顾演讲、写作与社长工作，我绞尽脑汁想了很多办法并用实践去检验其效果。

第一章 时间管理的基础
时间密度

"如何顺利地推动公司业务发展？"

"什么时候准备演讲的内容？"

"如何在短时间内写出书稿？"

为了能在同样的时间内以同样的质量完成比以往更多的事情，我认真思考，不断试错。"怎样才能提高时间密度呢？"我曾不停地探寻这个问题的答案。也正因如此，现在我才能够同时做很多事情。

另外，如果认真思考并实践过一些高效利用时间的方法，你就会积累很多活用时间的技巧。并且夸张一点儿说，"正因为需要做的事情多了，每件事情完成起来才会变得更高效"，也就是"工作密度提高了"，"时间密度也提高了"。

有句老话说，"把工作交给忙碌的人"，这个道理也是一样的。正是忙碌让人生出高效利用时间的智慧。而能少干就少干的人，总是在做减法，是不可能拥有这种智慧的。

所以我总是一有机会就说，"绝不拒绝工作"。

工作量的积累有助于提高工作质量，进而渐渐能够去完成更高水准的工作。这又会让人更加确信能有效利用时间，也就是"提高时间密度"。

可也有人会说，"即便如此，工作的质还是比量更重要。

首先应该花时间好好去完成一项工作"。的确，对于工作而言，都要求确保质量。但若认为花足够多的时间就能提高质量，这就是幻想了。

花费的时间和工作的完成质量并不一定成正比。

首先是要在规定时间内完成大量工作的训练，提高工作效率，这样工作的质量才能得到提高，不是吗？

量的积累带来质的提升。

不要吝啬金钱和时间

你有没有在理财杂志上看到过这样的表述？

家庭主妇 A 夫人以节省著称。她不看电视的时候会把插头拔掉，买东西之前会认真对比价格，为了买到特价商品甚至开门前就去商店门口排队。

我认为，生活方式因人而异，节约本身是件非常好的事情。但如果这位主妇的目的是"想得到更多的金钱",那我要说"与其用节省的方式来积累金钱,不如去工作或投资来使资产增值"。

靠这样一点一点节约的方法是很难让金钱变多的。而且,再考虑到花费的时间成本,甚至反而会"得不偿失"。

那我又为什么提到这个省钱的话题呢?因为,虽然很多朋友都看过时间管理方面的书,但还是有很多人掉进了类似省钱例子的陷阱里。

在时间管理类的书中,肯定都会提到"一边做 A 一边做 B 的同时完成 C"的方法。就好像"听着广播里的外语讲座,边看手机边吃饭"这种方式。乍一看,这好像是一种很聪明的时间使用方法。这样做也许会让人产生自己的"时间密度很高"的错觉。

但真的是这样吗?边看手机边吃饭,同时听广播里的外语讲座,这样至少是无法习得一门外语的。

这就和前面提到的"节约"如出一辙,是一种只为了做而做,最终却达不到任何效果的"吝啬的时间使用法"。

一说到聪明的时间使用法,常常会让人想到节约时间。做一件事的同时做另一件事,这种"同时进行式时间活用法"现在仍然盛行。我并不是否定这种方法,但如果方法不对,就无法期待能有什么大的成果。甚至别说什么成果了,如果只是表面上节约时间,还会让很多人成为不会使用时间而只会浪费时间的"时间穷人"呢。这和尽想着怎么存钱，而完全忘了要去赚钱和使资产增值是一样的道理。

我认为"吝啬地使用时间的人是不会成功的"。所以，我不会尽想着怎样才能不浪费时间，在同一段时间内塞进两件甚至三件事情。这不能称之为"提高时间密度"。

那么，我是怎么提高时间密度的呢？

"让一件事拥有两个甚至三个意义。"
"做一件事同时达到多个目的。"

比起如何节约时间，我考虑的是怎样能更充分地发挥出时间的效用，就像"越嚼越有味道的美食"一样充分享用它的美味。

具体来说，是这样的。我现在持有宅建士资格证，当初考取这个资格证的目的是"想拥有属于公司自己的大楼"。但是，备考复习时我想："既然要学习宅建相关的知识，不如跟房地产租赁行业或房地产相关的演讲和写书一起完成好了。"

这样一来，即使我只学习了一个方面的知识，却能取得双倍成果，学习的动力也更足了。事实上，我只花了一个月的时间学习就顺利考取了宅建士资格，并发挥这个资格的优势，以极优惠的条件购入了大楼，同时还撰写了有关房地产租赁行业及房地产方面的书籍，事业的宽度得到了拓展。

这就是所谓的"提高时间密度"。

另外，我也积极地去各地进行演讲，但不只是简单地去做个演讲就完了。因为我也兼任着公司的经营顾问，所以需要利用出差的机会去考察当地的商场，或通过与出租车司机聊天来了解情况。这样亲身去感受当地的风土人情，比看多少报道或书籍都有用。

当然，这样获得的信息并不一定能马上用到演讲中去，但在当地的主流商场或人气店铺、餐厅的见闻，可以用作第二天的博客或电子杂志的素材。下面我简单来梳理一下。

① 去外地做演讲之前不做准备和计划，演讲结束就打道回府

➡时间损失很大（浪费了时间）

② 利用去外地演讲往返乘坐新干线的时间撰写书稿等

➡没有浪费时间（节约了时间）

③ 去外地做演讲之余，在当地获取一些可用于商业咨询的参考信息，同时收集一些在东京看不到的可用于电子杂志或博客的素材

➡有效地利用时间（提高了时间密度）

你现在是①~③中的哪种状态呢？①就不必说了；希望大家不要只满足于②的"没有浪费时间"的状态，而是转换思维方式，以③的"有效地利用时间"为目标。

试着用一件事情去达到两三个，甚至是四个目的。

忙碌时学习，内心更从容

行政书士资格、宅建士资格、营养师资格……

这些资格都是我在兼顾公司经营的同时通过学习考取的。从中我总结出一条经验，在这里供大家参考——

忙碌的时候进行学习，可以使内心感到从容。

什么？你说错了吧？忙的时候还要学习备考，那时间岂不是更加捉襟见肘了吗？哪里还谈得上内心的从容？

其实，我以前也是这么想的，但是我错了。实际上，不仅能够更加从容，连精神上也都会感到特别安心呢。

我第一次尝试参加国家资格考试的时候，正值自己公司的经营业务最繁忙的时期。那时，我整日疲于应付工作，意识到完全没办法再挤出更多的时间来复习考试了；虽然很想学习，但因为没有时间,没办法,只能中途敷衍了事。

不过,后来我转变了思想,"总说没有时间、没办法之类的话,终将一事无成",于是下定决心开始尝试认真学习。

然后怎么样了呢?

我自己都明显感受到内心变得从容了。

不敢相信会发生这种事吧?让我来告诉你其中的秘诀。为什么内心会感到从容呢?原因在于,当我把时间花在学习上,也就是花在自己想做的事情上时,我就"由被时间支配变为支配时间"了。

不管是谁,每天忙于工作和家庭,属于自己的时间都在不知不觉中被消耗了。即使是"工作很开心"或"虽然责任重大,但很充实"的人,随着属于自己的时间一点点地被消耗掉,内心的从容感也会一点点地消失,最终被压力打垮。

这样的人,我推荐他们去学习。

学习的时间,是真正为自己而花费的时间。而且,"为自己花费时间"本身会让人油然而生"我不是时间的奴隶,我在支配时间"的想法,从而让内心重拾渐渐失去的从容。

在忙碌中学习,会让人变得更忙碌进而失去从容——这种想法是极大的误解。

不管时间有多么捉襟见肘,在做自己想做的事情时,我们都能感受到精神上的从容。

可是，很多人在开始做一件事之前，总想着"必须为这件事留出时间"。这么想本身就是错误的。只要有这种想法，就永远没法干成这件事。

一般人会认为，平时工作计划满满，即使下班后或周末也还要忙于各种应酬，在这种日常状态下已经没有时间再安排新的事情了。

但事实上，**当一个人想要开始做一件事的时候，时间是绝不会拒绝他的。**

"等什么时候有时间了再说吧。"

"等我有了自己的自由时间再说吧。"

这样想的话，无论等到什么时候，你的时间也不会变多。如果就这么等着，把想做的事无限期地推迟下去的话，将永远也做不成。

我们所能掌控的，就只有当下的时间。

时间和生命都是有绝对期限的，所以能马上做的事就要趁现在尽快完成。想做的事也积极地去完成。这就是成为"时间富人"的铁律。

总是把事情推迟，其实是在不断削减自己的时间，这无异于缩短生命。

被时间支配就会失去从容，支配时间才能从容不迫。

5

减少与人会面的时间也成不了"时间富人"

在进行时间管理时,有一件事是绝对不能做的。那就是"因为没有时间而减少与人会面的次数"。

"有一个跨行业交流会好像很有意思,可是工作太忙了,还是取消吧。"

"一位帮助过我的人要举办宴会,可现在跟他没什么共同话题,还是回绝了吧。"

有人会因为"没有时间"或"不舍得多花时间"而疏忽了人际交往;或者,认为对方跟自己的工作没什么关系,没有利益可言,所以一开始就不打算交往。

如果你当真想成为"时间富人",就不要一心只想着不要浪费时间而忽略了人际交往。而恰恰是在人际交往这件事上,你需要转换观念，试着用加法思维去对待——"这周约了好几个人，可真够忙的啊！好！要的就是这种状态。下周继续再约 5 个人！"同时，也不要忘了下面这句话：

机会、时间和金钱，全都是由人带来的。

有魄力的创业者或企业家，无论多忙都不会忽视能与人结识的机会。他们总会想办法安排时间寻求新的结识机会，并且非常重视这种机会。因为他们知道，花时间与人交往大有裨益。

我也非常珍视与人交往的时间。

这是因为，世上有很多宝贵的经验和知识，只能通过与人交往才能获得。

比如，我在上资格考试培训班时，曾被二十多岁的同学所震撼。和年轻人在一起能带来新鲜的刺激，这种新体验让我激动不已。那段时间，大家都说我的穿衣风格变得轻松随意，颜色也变得鲜艳明快起来了。

只有结识了新的朋友才能拥有这种体验，尤其是与年龄和行业差别大的人交往更能够得到新的启发。后来在确定公司新产品的企划与销售方案时，之前这段在培训学校的经验就立刻派上了用场。

这种灵感，是不管花多长时间看书或在网上搜索都绝不可能获得的。

只想着节约表面上的时间，而忽视与人结识、与人交往的人，永远都将是"时间穷人"。我认为，约会少的人即便节约了时间，他的时间密度也不高。

就连我这个最注意不能浪费时间的人，不管多忙都唯独不会忽视与人交往，而是运用加法思维，越是忙碌的时候越要增加与人会面的时间。

因为我知道，这么做，从结果来看能够提高时间密度。

说到这里，其实已经可以结束这个话题了，但有一个实际问题我还是想提一下。那就是，并不是什么样的人我们都要去交往，即使是我也一样。

首先，一天到晚不停地和人见面是不现实的。再者，结识新人或与人交往也是有限度的，见谁或不见谁是需要选择的。

有人能提高我们的时间密度，也有人会降低我们的时间密度。

这是真心话。

即使我确信人与人结识一定会有所收获，但在见谁或不见谁的问题上，我也会根据是否对将来有益做出判断，然后优先与那些"关键人物"会面。

将时间投资到人身上，回报巨大。

6

提高时间密度的人与降低时间密度的人

关于提高时间密度的人和降低时间密度的人,我再多说两句。

所谓能为我们提高时间密度的人,是指那些拥有你所欠缺的智慧或知识,并乐于传授给你的人。

如果你和这样的人密切来往,那么当你在工作上遇到困难的时候,一定能得到他们宝贵的建议;当你忙得不可开交,他们也会帮你分担。没错,这样的人就是智囊团一样的存在。

就我自己而言,我的"智囊团"是这样一些人——

- 熟悉电脑及电子设备的人(在我不擅长的领域给予我支持)

- 律师(商业领域的经验丰富,同时又能够经常给予我

建议）

- 出版界的权威人士（在编辑、运营、促销等方面有丰富的知识及经验，能够在写书方面给予我建议）
- 税务师（不只是公司及个人税务方面，在与金融机构打交道的方法、与金钱有关诸多问题等方面都能给予我建议）
- 信得过的邻居（我不在家时可以帮忙打理家务或照顾宠物的女性帮手等）
- 可以帮忙干一些力气活或简单工作的28岁好友（忙得焦头烂额时的大救星）

多亏了他们，我才能同时涉足写书、演讲，接受媒体采访和担任企业顾问等多项工作。

而降低我们时间密度的人，则是那种会向你提出"你如果帮我做……的话，我就帮你做……"这种交换条件，或是总说"我跟××先生很熟哦"之类的话来炫耀权利或能力的人。如果你相信了他们的话去跟他们打交道，就正中了他们的下怀。

若是期待着他们的回馈而在交往中为他们付出时间、劳动或金钱，那么最终你只会被利用，付出的这些也都会白白浪费。

我在三十多岁的时候，为了能结识新朋友，曾一直不停地与人见面。

总是期待结识的新朋友能够弥补我自己在公司管理经验、知识及智慧方面的不足。所以一有机会就去见面，而从没考虑过选择一下对象。

当时的我总是会轻信"她是会计专家""他是营销大师"的评价，或"他能给我介绍客户""他人脉广"这些漂亮话，最后见了无数的人。

而那些真正的专家则看穿了我这种幼稚的想法，都渐渐地疏远了我。

结果剩下的全是一边说着"我帮你做……所以请你帮我做……"一边想要跟我做交易的人。如果你买我的产品，我就给你介绍5个实力买家；你买我的保险，我就给你引荐老板——现在我不会再被这些话所迷惑了，但我也曾年轻无知过。

那时我觉得这些话太诱人，立刻就上套了。

但是，我不断周旋于一些不相干的公司老板之间，最后只剩下了后悔。他们全都是"拉低时间密度的人"。

虽然我仍倾向于相信不管与什么样的人结识都是宝贵的经历，但如果不事先想好该见什么样的人，那么结果就不只是浪费时间和劳动，而是身心俱疲。

不要炫耀人脉的宽度,而应注重其深度。

人脉当然是越多越好啦。但与数量相比,人脉的质量则更显重要。这是提高你时间密度的根本。

不过,正是由于在那段时间里我像个"名片收藏爱好者"一样不停地和许多人会面,反而使我学会了如何辨别"真伪"。如果你现在还是渴望不停地与各种人见面的话,那么请一定要在这个过程中磨炼出一双慧眼。

与图回报的人交往,只会夺走你的时间。

成为"时间富人"就能变成好男人、好女人

在本章中,我们讨论了成为时间富人的基本思维方式,也就是"用加法,而非减法,来思考时间"以及"提高时间密度"。这就是"臼井式时间管理"的基本概念,也是思维方式优于方法论的哲学。

在后面几章里,我会详细介绍一些更实用、更具体的时间管理方法。不过现在,作为本章的收尾,我想先给大家来一针"强心剂",让大家更有动力继续往下读。

下面是几个我们能够通过时间管理获得的益处:

- 时间密度变高
- 丰富经历,提升技能水平
- 能够尝试和挑战更多事情
- 内心变从容
- 拓宽人际交往的范围

瞧,立刻就能想到这么多好处。不过,作为一个精通时间管理的人,我还想说一说通过时间管理我们能获得的更纯粹、更重要的益处,那就是:

① 使工作和人生都快乐起来
② 能变成好男人、好女人

不知为何,关于这两点,市面上有关时间管理的书中都不曾提到。但时间管理的最大裨益莫过于这两点了。

首先,时间管理真的能使"工作和人生都变快乐"吗?

我们反过来说可能会更容易理解,大家想一想,为什么工作很无聊?为什么人生不快乐?

第一章 时间管理的基础——时间密度

- 每天疲于各种杂务和日常事务
- 没有余力,错误百出,业绩和收入也无法提高
- 光手头的事情就已经忙得不可开交,更无暇顾及新的想法和灵感
- 不得不放弃自己真正想做的事情

如果上面这样的状态一直持续的话,无论是谁,他的工作和人生想必也不会快乐。但如果可以提高时间密度,自己能有效地利用时间的话,一切就都会不一样了——

- 能迅速做完该做的事
- 最终实现业绩提升、收入增加
- 有余力可以去不断累积新的灵感和想法
- 能够不断去尝试自己想做的事情

这样一来,工作和人生就没有理由不快乐了吧。

确实如此。往往一说到时间管理,人们很容易把它当作"必须掌握的工作法"或"职场必备技能"去学习,但其实用不着这样。

有效利用时间能让人快乐。自己的时间密度变高了,的确是一件值得高兴的事。

其次,通过时间管理真的可以变成"好男人、好女人"吗?

这个问题其实在上文解释"工作和人生都变快乐"这点时已经回答了一半了。

也就是说,通过切实地进行时间管理,提升了工作效率,自然就会收获相应的工作成果,工作能力和经验也会得到积累。这样的人,无疑都会是魅力十足的商务男士或职业女性。

放眼整个公司,看一看你的周围。那些工作出色的人是不是都积极乐观地对待每一份日常工作?在你看来,这些人是不是魅力十足呢?

由于他们可以支配时间,内心从容不迫,所以常常能够开动脑筋以自己独有的方式完成工作。正因为如此,他们收获的工作成果也更多,在工作上常常被给予更高的评价。

也正因为他们能够从工作中感受到"乐趣",所以这样的人必然是性格开朗、深受异性青睐或被周围人爱戴的。乐趣也可以被理解为"从容"吧。能干的人并不是整天硬着头皮在和时间赛跑,而是通过进行时间管理来自如地操控时间,所以他们才会那么从容不迫。

而且,能够自己控制时间而不是追赶时间的人,可以按照自己的意愿积极地去尝试自己想做的事情。这种明确的目标意识会让他的人生变得更加积极，让他的表情更加阳光。当然，这种不同也会反映在姿态上。人的姿态受精神状态的影响很大。若挺胸抬头，身心必会更加健康。

同时，臼井式时间管理重视结识新朋友和人际交往，新的相逢会带来机遇。因此说，机遇都是由人带来的。

工作积极快乐、开朗健康且不乏机遇的人，不可能不是好男人、好女人。

然而，总是追赶时间的人会怎么样呢？会愁眉苦脸，疲惫不堪。因为没有多余的精力，他们工作起来手忙脚乱，自然也做不出什么成绩；而由于没有成绩，也就没心情想其他事，更是一副愁眉苦脸的表情了；最终陷入这样的恶性循环之中。

并且，他们仅仅应付别人交办的事情就已经精疲力竭，根本无暇再去尝试新的事情或涉足未知领域，最后渐渐失去好奇心和目标意识；再者，不去结识新朋友，机遇自然也不会自己找上门来。

这样的话，工作和人生都快乐不起来，心情也会消沉下去。心情通常会反映到姿态和表情上，所以心情不好，表情就暗淡，体态也不挺拔，变得老态龙钟了。

你若见到这样子的人，肯定不会觉得他很有魅力吧。

同时，还有一些人误以为充分利用时间就是简单地节约时间，于是开始吝啬时间，结果反而失掉了从容。

这些人节约时间的方法不是"少睡觉多工作"就是"看电视时边吃饭边查看手机邮件",都是这种为了节约而节约的做法。

照这样下去,睡眠不足,大脑昏昏沉沉,工作或学习的效率只会更低。到头来,一点儿效果都没有,周围的人不仅不会夸你"有魅力",还会觉得你"不太胜任"。

所以,希望朋友们一定要把时间掌握在自己手中,充分享受其中的乐趣,并成为拥有幸福人生的好男人、好女人。

掌控时间者,必能掌控人生。

第二章

成为时间的支配者

仅仅善用在人际交往和沟通上的时间，就能产生巨大的差别

1

不要松开"时间之网"

无论多忙都不疏忽人际交往,这样能提高时间密度。这是臼井式时间管理的铁律。

虽说如此,但也必须注意与人交往的方法。做得好,就能收获机遇和时间;做得不好,反而会造成时间的浪费。可以说,人际交往的方法正是活用时间的最大关键所在。

因此,在本章中我们就来探讨一下"以有效活用时间为目的的人际交往法"。首先,请牢记下面这条基本原则:

千万不要将"时间之网"交给对方。

所谓"时间之网",在这里是指对时间的主导权。这张网是握在自己手中还是被对方掌控,将导致双方所能控制的时间出现巨大的差别。就拿电话商谈举例来说——

"好的。那么,咱们什么时候见个面呢?"

在对方这么问过来的时候,如果你回答说:

"什么时候都可以,就根据您的时间来安排吧。"

这就等于你把这张网交给对方了。

但如果你说:

"那咱们就明天晚上7点在银座的办公室见吧。"

这就是自己握住了这张网。如果要最大限度地活用时间,就必须尽可能地掌握住时间主导权,去控制更多的时间。

这样做,就可以按自己的意愿去安排日程。

可往往有些人,即使是对方主动提出见面的请求,也还是把主导权交到了对方手里。

"就依您的时间来安排吧。"

如果你认为这么说是在为对方考虑,那就大错特错了。这样你最终只会被人当作"没有时间观念的人",不断地受制于对方的安排。即使是由对方提出的商业合作邀约,你也抓不住谈判的主导权。

我有一个男性朋友,他平时总是不停地说自己"很忙,很忙"。他确实是个大忙人,由于工作繁忙,加之喜欢足球和

第二章 成为时间的支配者

高尔夫,同时还经常到各地去参加志愿活动,让他显得忙碌不停。不过,也还有其他的原因。

他这个人比较怯懦,不会主动按自己的意愿来安排时间。

当别人问起时,他总是回答"什么时候都可以"。

于是,他让大家都觉得他的时间很充裕,这样他就把时间的主动权交了出去,总是被对方"牵着鼻子走",并且搞得自己毫无意义地忙得团团转。

当有人约我见面谈工作时,我会先打开手账看看自己的日程安排,然后马上回复对方一个自己方便的时间。比如:

"×××月×××日×××点在×××见面。"

如果那个时间我在办公室,就约在办公室见面;如果恰巧在外面办事,就选一个方便联系的地点见面。这样做不仅可以让自己掌握会面时间的主动权,而且还能让对方觉得我是一个善于安排日程,非常有时间观念的人。

这样,如果我将来还会继续和此人交往的话,在时间上就能更容易掌握主动。所以,平时牢牢把握住对自己时间的主导权就显得更为重要了。

再有,在无意的电话交谈中,也有对时间的主动权的把握。

——"山本先生在吗?"

——"抱歉，他外出办事去了。"

要找的人不在的话，你会怎么办呢？

——"那麻烦您转告他回来后给我回电话。"

一般都会这么说，对吧？可是，请对方回电话就意味着你要一直等他的电话。这就等于是将主动权交给了对方。假如接电话的人说：

"他大概10分钟后回来，到时我让他给你回电话吧。"

可这个10分钟只是估计而已，实际上很有可能会更久，也有可能这个人最后忘了转告对方回电话。

而且，在等待一通不知何时会打来的电话时，你会不停地嘀咕"都说了10分钟后回电话的，怎么还不打过来呢"，心里越来越焦虑，这也不利于安心做手边的事情。

因此，即使了解对方大概何时回来，我也会这样回答——

"谢谢，我会再打过来的。"

只要这么一说，就能让自己紧握住"时间之网"。

当你多次打电话却还是找不到对方时，可能会不耐烦地对接电话的人说，"让他给我回电话"。但此时，你无论如何都一定要把握住主动权。紧握"时间之网"的人将占据主动。

节约时间的关键——从接电话的人变成打电话的人。

2

防范"时间小偷"的手机活用术

你听说过"时间小偷"吗?所谓时间小偷,就是字面意思——偷窃时间的人,也就是会偷走你宝贵时间的人。

时间看不见也摸不着,即使被偷走了,我们也无法马上察觉。但只要你稍一大意,时间小偷就会不停地盗取你宝贵的时间。一定得小心。

比如,有时在你不太忙的时候,会接到这样的电话——对方并没有什么要紧的事情,但还是一直说个不停,即使你想挂断也找不到插话的时机。这时,即使对方并非故意,但你的时间却在不停地被偷走。

我的朋友 A 小姐就是这样,她一有"特别想聊聊的事"就会打电话给我。而且她这种"特别想聊聊"的时候特别多,多到我一看是她的电话就会嘀咕"怎么又来了"。

但因为我俩从小就是好朋友,所以我也不能不管不顾地直接挂掉电话,只能尽量听完她要说的事情,然后再想办法尽快结束通话。虽说 A 小姐也没有恶意,可如果我不这样做的话,就将不断失去如同生命一般宝贵的时间。

电话实在是一种超级方便的通信设备,但对接电话的一方来说,有时它也会成为一种困扰。所以当我想专心工作的时候,我会告诉秘书,只需要把我想接听的电话接进来,其他的一律答复我不在。

当然,在所有来电中总会有一些紧急电话,所以我不会忘了让对方留言。至于手机,当然是设置成静音状态,然后定时去查看。

除了那些爱煲电话粥的人以外,还有其他的"时间小偷"。

比如,跟某人见面洽谈工作,正事早已谈完了,可他却迟迟没有要告辞的意思。这样的人也是"时间小偷"。

并不是说,除了正事其他一切免谈。但我想大家都有过这样的经历——明明工作都谈完了,而且后面还有很多事情等着自己去做呢,可对方就是没有要结束的意思,这时你就忍不住会想"可以了吧,赶快走吧"。

对付这类"时间小偷",我常用的办法就是——手机。

假如"今天这个人聊起来可能会没完没了",若是约在咖啡馆或对方的办公室见面的话,我就会事先跟同事约定在某一时间给我的手机拨打电话。到时，我挂断电话后就做出一副为难的表情，然后这样说：

"实在是抱歉，公司突然有急事，咱们就先到这里吧……"

但有时候是临时安排，没法事先做好准备。这时，你可以先借口去洗手间，然后趁机给同事打电话，"10分钟后给我打电话说公司有急事"，之后就还照上面的方法那样做就行了。有时也可以当场给公司打去电话，然后装作发生了紧急状况。

虽说不能在同一个人身上重复使用一样的方法，但为了防范"时间小偷"，守护我们宝贵的时间，记住这些策略也不会有损失。

我们每个人都希望能给别人留一个好印象，所以在与人交往时应尽量保持亲切友好的态度。但如果你想变成"时间富人"的话，在与那些谈完正事之后经常拖延，或是喜欢煲电话粥之类的人交往时，就应该尽量避免用同样亲切、耐心的态度待之。

否则，他们就会误以为，"哦，他跟我是一样的人呢"，从而越来越无所顾忌地拖延下去。

在谈完正事之后，试着打乱话题的节奏，破坏对方继续闲聊的心情，甚至让他认为你"真是个不踏实的人"，这样岂不正好？

要不露痕迹地让周围人明白你非常珍视时间。

3

"时间小偷"又来啦

有人打电话时会说,"只需要两三分钟"。这时千万不要稀里糊涂地认为"只是两三分钟的话也无所谓吧"。实际上,说是两三分钟,最后你很可能要为此耗费一两个小时。

比如,正当公司企划会议讨论得如火如荼的时候,一通电话打进来,"只需要两三分钟就好"。你可能觉得只需两三分钟的话应该没关系,于是去接了电话。那么,就算通话时间你真能控制在三分钟以内,可实际上,除了接电话这三分钟以外你的一些时间也被占用了。

被电话打断后重新回到会议中,你首先得花时间回忆刚才讨论过的内容——"我们刚才说到哪儿了?"同时还得让与会成员再次兴奋起来,使会议的讨论氛围恢复到被打断之前的状态。这些都需要花些时间。这样一算，你耗费的时间可就不止两三分钟，恐怕要五到十分钟了。

若是在你专心写文件，或是酝酿企划案、想事情、埋头工作的时候，电话突然响起，那损失可能会更大。

就拿我写书的时候来说吧。如果在我正聚精会神于写作中，思考该如何遣词造句，"那样写也不错，这样写也挺好……"——经过一番推敲之后终于理清思路正要落笔时，突然被一通两三分钟的电话打断，那么之前的思路就全乱了。

仅仅是一通两三分钟的电话，就能毁掉整整一天。

刚要睡着就被电话吵醒，放下电话之后一两个小时怎么也睡不着了——这样的经历你肯定有过吧？只是个两三分钟的电话，结果却白白耗费了你几个小时。

要成为时间达人，就不要忽视这些可怕的"隐形杀手"。

误认为"两三分钟无所谓"，会毁了一整天。

4

说话不要没完没了

有时，想跟人说一件事却不知不觉越说越兴奋。这种心情我能理解。可是，如果你说得太多，反而没法把意思准确传达给对方，甚至还会起到反效果。

越是业绩好的销售员，话越少。对这个说法我可是深有体会的。每周都会有好几个销售员找上门来，向我推销他们公司的产品，其中特别能说的那些人反而让我提不起兴趣。

他们往往都是对自家产品的优点说个不停，不过听那些一说起来就没完没了的销售员介绍了一通之后，我还是搞不清这个产品最大的优势是什么，亮点在哪里。

从根本上来讲，人是不善于倾听的，那些自己特别感兴趣的话题或关心的主题另当别论。对于一般的话题，我们大概只能听进去一半的内容；而对于不感兴趣的话题，就恨不得让对方快点闭嘴。所以，我们在说话时应该注意尽量简洁明了。

越是热情洋溢、面面俱到地说，越没法准确传达信息。

抓住重点、简洁明了地表达，对方就能明白。

不想在人际沟通上浪费时间的话，就请记住上面这两句话。

我最初意识到这一点，是在一次准备批量生产某款健康器材的时候。

那是我开发的产品第一次投入批量生产。作为一次新的商务运作，可花了不少钱——购买原材料，确定生产厂家，招募样品试用员，投入包装费，等等，真是花钱如流水啊。

结果在核算时发现，当初的预算远远不足，需要再去银行贷款。于是，我便去公司附近的银行申请贷款。面对银行的工作人员，我举着商业计划书，急切地为他们解说——

我为什么开发出这个产品；

什么样的客户是产品的目标客户；

以及，前期费用需要多少，什么时候开始盈利，每年能盈利多少……

我觉得，我有完整的商业计划书，同时又热情洋溢地详细介绍了一番，银行一定会同意我的贷款申请。我看过的商业书籍里也是这么写的——"筹措资金时，要热情满满地积极奔走，让银行负责人多多了解你的情况。"

可实际上，不管我怎么细致入微地介绍情况，对方都不肯静下心来听，甚至连商业计划书都懒得看一眼。

没关系，一次不行就多跑几次。可我发现，去的次数越多，银行负责人的脸色就越难看。

我表现出了足够的热忱，商业计划书也写得完美无瑕。问题到底出在哪儿呢？

后来我才意识到，我当时犯了一个极大的错误。由于一直担心"贷不到款的话该怎么办"，在面对银行负责人的时候我其实是在没完没了地自说自话。

不管说什么，如果不能让对方听进去并理解你，那你说的话就全是没有意义的废话。

在需要筹钱的时候，那种焦急的心情会让人特别想把商业计划书的内容再讲一遍给对方听。但如果站在对方的角度，这些话只会让人感到厌烦。

尽量说得简明扼要，让对方听进去。比起长篇大论地写下来，或是喋喋不休地念叨，简洁明了的语言更能够传达想要表达的内容，打动人心。

想通了这点以后，我又向另外一家银行提出了贷款申请。这次，我没有重蹈覆辙，而是提交了一份内容简明扼要的商业计划书，并且仅就能为银行带来怎样的收益等问题，向银行负责人简单做了介绍。

结果对方听了非常感兴趣，还问我："能赚那么多吗?"这可是公司附近那家银行的人从没说过的话。而且对方还对我说："臼井女士的生意做得好像很轻松愉快嘛。"后来我们只用了两个星期，贷款就批下来了，顺利筹到了资金。

像这样，只是稍微改变一下说话的方式，就可以避免很多时间和精力上的浪费，并获得满意的结果。所以，如果你想成为"时间富人"，就要在说话方式、表达方式上面多动动脑筋。

具体来说，如果想在沟通过程中提高效率，就要注意以下几个方面：

- 先说结论和结果

在工作汇报中，不管怎样都要先把"结论和结果"说出来，之后再讲过程和理由。如果不按这种优先顺序的话，不仅会浪费对方的时间，还会让人认为你是个不懂工作、不会工作的人。

- 先说难以启齿的话

如果有一个好消息，谁都会毫不犹豫地先告诉对方。但如果是坏消息，人们在说出来之前，往往会先讲一堆大道理和自己的看法。

可越是拼命讲大道理，对方理解起来需要花的时间就会越长，倒不如痛痛快快地把坏消息直接说出来。

求人帮忙的时候也是一样。很多人会在切入主题之前先做一番铺垫。要说出难以开口的话总会让人难为情，但喋喋不休的铺垫也会破坏对方的情绪，浪费双方宝贵的时间。

在求人办事或是进入难以启齿的话题时，直截了当地说出来就好了。其实，说出来也不会怎么样，只是你自己多虑了。

- **批评或提建议时不要一一列举**

就算你想要指出的内容很多，但如果一股脑都说出来的话，对方也无法全部接受。最好是列一个优先顺序，一次就只说一个问题。

- **想要让对方接受你的观点，询问比命令好**

越是唠叨的人，说服对方时就越是振振有词。他可能还认为自己很擅长说服别人。然而事实上，面对面地辩论很容易让对方反感，而且还往往达不到说服的目的。

一般在这种情况下，与其用大段的说教让对方屈服，不如用提问的方式让对方也一起来思考。

比如，对方在一个不切实际的计划上固执己见时，你就不能直接说"这个计划不行"，而可以先问问他"这个计划需要花多长时间"或"预算你打算怎么安排"。

这样的话，对方在思考这些问题的时候，应该也就会意识到自己计划中的不当之处了。

- 把事实和意见分开说

很多人说话冗长啰唆，其实是他们没有把事实和自己的意见梳理清楚。把这两者混杂在一起说的话，对方理解起来就会花更多时间。

在语言的运用上，需更关注"质"而非"量"。

初次见面称呼全名，能立刻缩短距离感

如果时间、金钱或机遇说到底都是人带来的，那么，去结识各种各样的人来拓展人脉不就可以了吗？

这里我有一个好方法，可以迅速和只见过一两面的人熟络起来。一些不擅长人际交往的人会认为我"天生就是这种让人羡慕的性格"，但其实并不是这样的。

我原来也是一个非常怕生的人，甚至直到三十多岁都不敢直视对方的眼睛说话。但身为一个企业家，这样就完全行不通了，而且我也没有太多的时间可以花在拓展人脉上。

因此，为了能尽量顺利地建立人际关系，并在尽可能短的时间里拉近与对方的距离，我经过不断的尝试，最后总结出了一套方法。

虽说是经过多次尝试才总结出来的方法，但其实并不复杂，我在这里就教给大家。

首先，在第一次与某人见面时肯定会交换名片。这时——

一定要读出对方的全名。

请把这种做法变成习惯。

这样不但可以确认对方名字的正确念法，最主要的是，这么一来就能立刻拉近双方的距离。

被人称呼全名时，我们不但不会反感，反而还会因感到被他人关注而变得更加友善。

而且，当我用全名称呼对方时，他也会自然而然地称呼我的全名。当两个人这样相互称呼之后会产生什么样的效果呢？

说起来，真是神奇，这两个人会产生一种他们关系很亲近的错觉。

这种感觉会使他们更想了解对方，对对方更有兴趣。

往往我们会在关系逐渐亲近以后才直呼其名。不过，请大家记住，一开始就以全名相称的方式，从形式上去亲近对方，可以让双方关系真的变亲近。

　　首先，如果在自我介绍时能再给自己的名字加入一些"花絮"，那么即使是初次见面也会让人对你的名字印象深刻。

　　就拿我来说吧：

　　"我叫臼井由妃。'杨贵妃'的'妃'，就是一个'女'一个'己'的那个'妃'字。"（译者注：原文是"『妃』と書いて「き」と読みます"，大意为"妃"字用于名字时和通常的日语读音不同。对中国读者来说不太好理解，所以译文意思略作修改。）

　　简单加上这么一句后，对方即使一时想不起"妃"字的写法，也会记得我这个"'杨贵妃'的'妃'"。

　　其次，从第二次与对方见面开始，在打招呼时一定要带上对方的名字。像这样：

　　"早上好！××先生"

　　"××女士，好久不见啦"

　　在不经意间自然而然地叫出对方的名字，会让人高兴地觉得"他记得我呢"。而如果能在初次见面时，不露痕迹地问出对方的喜好、生日、籍贯等信息，然后适时地利用一下，对方一定会特别开心。

称呼全名。
从第二次见面开始，带着名字打招呼。

在遇到一些看似不好交往的人，或是面对谈判交锋的对手时，要建立人际关系似乎不那么简单。但只要照上面的方法去做，你就能马上俘获他的心啦。可以说，这个方法能在很大程度上减少时间成本呢。

第三，在与人初次见面之前，如果能事先让对方知晓自己的情况，会更有利于此后迅速与此人建立关系。

具体来说，在与某个人见面之前，要想办法找一个和此人熟悉的朋友，请他事先把你的基本信息告知对方。

"实际上，下周一我要去拜访××先生。如果有机会的话，还请您代我向他问好。"

如果这位朋友是他的上司或是你们共同认识的人，那么，可以断言，你的情况一定可以在你们见面前传到他的耳朵里。让对方多少先了解一点关于自己的情况，可以使他在见面前就对你产生兴趣。

如果实在找不到合适的人来帮你这个忙的话，那就在见面的前一天主动打个电话给对方——

第二章 成为时间的支配者

"我明天××点会登门拜访。非常期待与您见面,所以忍不住想先打个电话和您确认一下。"

像这样表达出你对他非常感兴趣,也可以达到同样的效果。

我以前曾参加过日本电视台一档名叫"金钱之虎(Money Tigers)"的综艺节目录制。也是从那时开始,我会在与人见面前事先做准备。在与人初次见面之前事先让对方了解臼井由妃是个什么样的人,之后的交往就会变得很顺畅。

不过,那时对方事先获得的信息也并不全是准确的。因为,看过那档电视节目的人都会认为"臼井社长很可怕""是个严厉的人"。

"金钱之虎"这个节目是让一些挑战者在几位不怒自威的老板们面前介绍自己的商业计划,以期赢得他们的投资。由于老板们的投资都是自掏腰包,所以对挑战者的期待值很高,对他们提出的问题自然也就非常犀利。对于那些只流于表面的商业计划或是不懂得礼仪的挑战者,老板们的态度更是严厉。

但实际上见到我以后,大家都说,"你这个人其实很和善""出乎意料地很好接近",跟电视节目中的印象完全相反。在"金钱之虎"节目播出期间,总能听到大家对我说"差点儿被你在节目里的样子忽悠了"。

对于初次见面的人来说,双方先要互相寻找开头的话题,正式切入主题前就会花很多时间。但如果事先把自己的情况通过某种渠道让对方知晓，见面的时候就很容易从这些信息中找到话题的切入点，从而能够很顺利地进入主题。

结识新朋友时，要主动出手，而不是听由缘分的安排。

写亲笔信反而能节约时间

有时，初次见面就能立刻与对方建立起关系，而有时则可能需要花很长时间交往。经过多年慢慢培养出来的人际关系自然珍贵，但短时间建立起来的有益的人脉更值得珍视。

需要注意的是，在建立人际关系时，可不要傻到只想着缩短时间，这样最后反倒多花了时间。传统的沟通方式往往会在一开始多花时间，但反而能达到节省时间的效果。

我在宴会或跨行业交流会等场合中和别人交换过名片后，第二天必定会收到这样的邮件——"很荣幸昨天能与您见面。期待以此为契机能与您继续深入交往。谨此致以问候。"一般

第二章　成为时间的支配者

和 100 个人交换过名片后,第二天大约会有 15 个人发来问候邮件。

早先,这种问候基本都是通过书信或明信片的形式,后来这种问候的形式渐渐由"写字"变为"打字",书信也全变成电子邮件了。

从时间或工作效率方面来看,电子邮件的确非常好。但也总有一些不用心的客套性邮件夹杂其中。尤其那些明显是群发的邮件,即使里面写着"很荣幸能与社长见面",也会让人觉得"这人还真是图省事儿啊"。

若是收到这种邮件,尽管知道对方主动尝试联络,但日后若要建立良好的私人关系恐怕会花费更多的时间。

那种邮寄的宣传册自然不在讨论之列。如果想与交换过名片的人进一步保持良好的关系,那么即便是电子邮件也应尽量多费些心思,找找"亲笔信"的感觉。因为,在写电子邮件上多花些时间,最终可以缩短与对方建立私人关系的时间。

以我自己为例,每次交换过名片之后,我都尽量在当天内用"一笔笺"(一种长约 18 厘米的长方形精美便笺纸,常用作短信纸、祝福卡和书签)写一封简短的信。一提起写信,很多人都会觉得麻烦,但若是用"一笔笺"的话,省去开头的寒暄,只写三五行问候语就可以了。我相信,如果用这种亲笔信的方式,只需要花一点点功夫就能够与对方迅速建立起良好的人际关系。

再有,要对当天收到的名片进行整理。一边回忆对方的样子以及相互交谈过的内容,一边思考下次见面时的交谈话题及询问内容。然后,在回想着他们每个人形象的同时,各自选择一个与他们每个人相符的话题写在"一笔笺"上。

比起在信件的内容上花心思费工夫,趁热打铁的时机则更显重要。当然用电子邮件的话会相当快捷,但还是建议尽量使用印有自己签名的"专属一笔笺"。

有人说:"我太忙了,写信什么的实在有点儿麻烦,况且还要手写。你在这方面做得真好!"但其实写"一笔笺"并不比在电脑上打一封电子邮件更费功夫,是完全能够做到的。

而且,手写"一笔笺"作为我的一项重要的营销方式已成了习惯。

别看我现在经常会进行一些有关营销及经营战略方面的演讲,但当初我刚刚接手公司管理的时候,甚至都不能直视着对方讲话;去拜访客户也经常是一直看着地面,无法回应客户的提问,最后一事无成地回来。

我现在这种当天整理名片,并用明信片或书信的形式问候对方的习惯就是在那时形成的。说到这么做的起因,其实是源于当时的我笨嘴拙舌,对于客户的提问或需求不知道该如何在电话里进行答复,于是便写在明信片上寄给客户。

第二章 成为时间的支配者

我这么做是因为，使用明信片或信件的方式可以沉着地写下答复内容，还可以消除一些客户对我业务能力弱的印象。当这种做法成为习惯后，我便发展出了更多的人脉关系。大家觉得我是一个彬彬有礼的人，而且有人开始给我介绍大生意了。

在尝试联络只有一面之缘并交换过名片的人时，如果只考虑效率，就会自然而然地去使用电子邮件。但如果你是用书信这种需要花时间、费心思的方式去做这件事，那么你的用心也将会随信件一起传递给对方，其结果将直接缩短你们之间建立私人关系的时间。

我来说一个这样的例子。大概七年前，我曾作为讲师参加过一个面向创业者的研讨会，当时大约有70人来听我的演讲。

演讲结束后，我和所有人交换了名片。第二天早上，我的邮箱里收到了30封左右的电子邮件，内容都是关于听了我的演讲后的感想或感谢。

其中，有一封邮件吸引了我的注意——

"臼井老师，我是昨天聆听您演讲的×××。我想马上把老师教的方法付诸实践。所以恕我冒昧，请允许我用邮件和书信的方式来做我的'目标宣言'，还请您多多指教……"

实际上，在那天的研讨会上我曾讲到，创业者要把订立创业目标的方法或目标本身写下来，每天大声读给自己；或者，如果想更有动力的话，也可以郑重地向自己尊敬或景仰的人说："我一定要在×××年×××月之前达成目标！"

然后这位学生真的这样做了。

演讲后的第三天，我又收到了他发来的信函。这封信件中还夹有一张照片，照片上可以看到一张贴在墙上的"目标宣言"，以及站在它前面的这位微笑着的学生。

"感谢老师。这个曾经不停听各种演讲的我，终于可以毕业了。瞄准目标（终点线），奋力冲刺！"

虽只是一封简短的手写书信，但我清楚地感受到了他的心情。当讲师以来，我还从没有如此感动过。

近来，除了商业文件，连贺年卡或季节问候明信片、迁居通知这类私人信函都越来越多地用起了印刷文字。

这样的确非常方便，但这么做的话，虽然表面上可以省去很多麻烦，实际上却使得人际关系更加疏远，而在建立人际关系上就必定要花掉更多的时间，不是吗？

在人际关系上，不要电子化，要传统化。我非常珍视时间，正因为如此，直到今天，除了便捷的电子邮件以外，我仍然在坚持手写信件。

若在与人交流的过程中吝啬时间，最后反而会失去大把时间。

第二章 成为时间的支配者

7

"时间穷人"与"时间富人"的区别：是否善于用人

若从企业家或管理层的角度考虑时间的有效利用，有一个问题是绕不开的。那就是：

如何用人。

有一些企业家事事都要亲力亲为。这些人，貌似很能干，但实际上只是在低效利用自己的时间罢了。

企业家或管理层人士的时间价值（时薪）高，如果和下属或员工做一样的工作，就与其时间价值不相称了。

再者，如果凡事亲为，也会剥夺下属通过工作学习成长的机会。最终将导致下属进步缓慢，公司业绩也很难有突破。从各方面来看，这都是对时间的浪费。

我有一个熟人，别人经常奇怪"他为什么总是业绩那么好？"他几乎从不加班，他的下属也一样。而且你也看不到他忙忙碌碌工作的样子，但他的业绩却总是最好。

究其原因，是他善于把工作交给别人去做。他能够很适当地把工作分配给下属，并能在委派任务时激发出对方的干劲。对企业家或管理层来说，这正是需要具备的能力和技巧。

尽管如此，也并不是把所有工作都分派出去就可以了。为了不浪费时间，还需要能够让对方愉快且高效地完成工作才行。

为此，就需要注意以下几点。

① 强调"正因为是你，才把这个工作交给你"

每个人都希望能成为被依赖的有用之人。这里有一个技巧，就是在委派工作的时候用"正因为是你，才把这个工作交给你"或"我想借助你的能力"这样的话语来激发他实现自我价值的意识。

相反，如果听到"这个谁都能做，你来帮我弄一下""你好像不怎么忙，帮我做一下这个"之类的话，你的下属就会失去动力，最后完成的工作也不会理想。

② 把工作细分后再分配出去

在把工作分配给他人的时候，需要明确地告知你想要让他做什么以及如何做。关于这些问题，你自己自然是再清楚不过了。不过，如果不能做到让对方也同样明了的话，工作的结果就不可能达到满意的效果。

比如，需要把一个撰写新产品企划案的工作交给下属，这时如果只说一句"请你做一个企划案"，对方在没有太多经验和自信的情况下，就会无从下手。而且，在这种情况下，有人会想"糟糕，这个我做不了吧"，即使最后勉强完成，其结果也可想而知不会太好。

所以，分配工作的技巧就是把工作细分。细分后，对方就会明白"我该做些什么"，这样就很容易上手了，而不会有"我做不了"或"糟糕"的印象。

比如，同样是做一个新产品的企划案，我们把"市场调查""现有产品分析""同类产品调研""费用分析"等这些企划要素分成几部分，分别委派给下属去做——"你只做市场调查这部分就好"，这样每个人都会对自己的任务非常明确。在需要把下属组成团队来完成工作的情况下，这种方法依然有效。

工作内容经过细分以后，不只是看上去轻松了，而且更便于调动人手，有助于提高工作效率，增强团队凝聚力。成员之间的竞争意识也能使工作取得更好的成果。

③ 对完成的工作给予适当的反馈

有些上司在给员工委派工作的时候，会用"下次带你一起去喝酒"或"请你吃饭"这种赏块"糖"吃的方式。但是，说这种话时，上司并没有想到要尊重对方的能力和人格，仅仅是认为以某种形式作为交换条件就可以。

在下属完成工作以后，对他的工作成果给予中肯的评价才是最重要的。

千万不要全归功于自己。"这多亏了下属员工的努力"——在向自己的上司汇报的时候一定要这样说。

若能这样做，你的下属一定会更加卖力地工作，工作能力也会越来越强。

最终，时间能被高效地利用，下属业绩实现增长，你也能够得到更多的好评。

在工作中，若能做到恰到好处地把工作分配给他人，而不是凡事亲力亲为，不仅可以提高工作效率，还能使下属的工作能力在不断的锻炼中变得越来越强，而这又会反过来增加你的时间。

实际上，我也是那种总觉得"自己做会更快"的人。但我也知道，这是对时间价值的极大浪费，所以我每天都在与这种想法做斗争。

不会善用人，就不会善用时间。

第二章 成为时间的支配者

8

"干得好"比"加油干"能创造出更多时间

激发员工或下属的工作动力,是企业管理者或部门领导的重要工作。

士气高涨,员工就会积极主动地去工作,老板或主管的时间就能被有效地利用起来。反过来,如果不能激发出他们工作的积极性,就会有很多员工不经提醒就不干活,最后导致管理者自己忙得团团转。

话虽如此,但也不可能每天都去追着一个个员工跑。

对于事务繁忙的公司老板或部门主管来说,需要花尽可能短的时间,以最省力的方式,有效地激发员工或下属主动工作的积极性。

这里就需要巧妙地运用语言。比如,在电梯里和员工巧遇的时候，只需巧妙地选择话语，就能够使员工士气高涨，积极地投入到工作中去。

我经常会用到这句话：

"你干得不错！"

对员工来说，企业越大，他们越感觉老板和上司遥不可及。而在这句话中，则包含着"我一直在关注你，一直在看着你的表现"的意味。

听到老板的一句"你干得不错"，员工一定会感怀于"老板一直很在意我呢"，于是会更加积极地投入工作。

同时，也有一句话是需要尽量避免的。

那就是，"加油干"。

我从不对别人说"加油干"。

"加油"，是对那些没有在努力加油的人说的话，而不应该对那些会主动思考并付诸努力的人说。

如果对一位竭尽所能努力工作的员工说"加油干"，他就会认为，"我都已经这么努力了，难道领导还不满意吗？看来他完全不理解我"。于是产生反感，工作积极性也会大大降低。

仅仅是一句话的区别，就能使员工的工作动力出现如此大的差别。而对企业管理者和部门领导来说，这也会在整体工作进程上造成巨大的时间差距。

与下属加深感情的方法不只有喝酒谈心。

掌握 10 种知识，
不如认识 10 个"掌握知识的人"

不要试图去习得所有知识。不精通的事情还是交给专业人士吧。

如果你想把事业的领域拓展得更宽，那么，学会借助别人的能力这件事就显得尤为重要了。

在刚刚成为企业管理者的时候，我不太懂经营管理，但我特别想攻克这个难题，于是跑到书店去买了好几本关于这方面的书籍，回来就埋头学习。可不管我看了多少本书，也无法很好地将所有知识消化理解。

不过，在向精通经营管理的朋友讨教了相关知识后，我马上就开窍了。

不懂的事情，要去问懂的人。

想要解决问题，这才是最直截了当且可靠的方法。如果什么问题都自己去想办法解决，那不管你有多少时间都不够用。

尤其是本身非常忙碌的企业管理者和部门领导就更是如此。要分清什么是自己能做的，什么是自身能力所不及的，然后果断地把自己搞不定的事情拜托给别人去做。否则，你将永远都只是个"时间穷人"。

除了本职工作以外，我还从事涉及各个领域的演讲和写书工作，以及担任企业顾问。但是，自己所掌握的知识和信息毕竟是有限的，无法涵盖所有这些领域。而且，无论被问及什么问题，如果我不能给出准确、恰当的意见和建议，那么就不胜任这份工作。

该怎么办呢？

最好的办法就是向能够弥补自己知识不足的人寻求帮助。

我与熟悉各个领域的人建立了沟通渠道。建立起这种网络就能在发现有什么不懂的事情时，马上去向他们讨教。

关于电子杂志或博客、网络的事情，我会去问我的一位熟人，他是这个行业的老大。

关于东方医学或中医的问题，我会去问一位经朋友介绍认识的中国人。

关于流行时尚或美容方法方面的问题，我有一位彩妆达人作为老师。

有关写书方面的问题，我会去咨询出版策划人。

而有关演讲或研讨会的热门题目，我则会去找会务策划人商量。

去结识这些精通各领域知识的人，比自己去学习这些知识更能够拓展自身的可能性，使时间得到更充分的利用。

如果你是个大忙人，不要当专家，而要当多面手。

第三章

电子邮件、
社交网络清理术

"暂且"是最大的"时间小偷"

第三章 电子邮件、社交网络清理术

1

对信息和人广泛而粗浅的了解都是徒劳

"每天早上,你到办公室后做的第一件事是什么?"

对这个问题,是不是很多人的回答都是"查收电子邮件"?

如果你是一位经验丰富的商务人士,处理着各种各样的商业项目,交际也十分广泛,那么即使在前一天下班前已处理完所有电子邮件,第二天早上邮箱里还是会出现大量未读邮件。

在这里,我想让大家想一想。

在这数量庞大的电子邮件当中,有多少是你期待的?

又有多少是你会去回复的?

这个问题实际上是在确认,你能否意识到自己收到的邮件数量,以及是否能辨别它们的重要程度。

如果你能立刻回答出来，那么你的时间就没有被邮件所支配。也就是说，你是一个能够有效活用时间的人。

但即使是这样，我也希望你能留意一下这两类邮件：一类是标题只写着"感谢"或"通知"等字样，根据题目无法推测出具体内容的邮件；另一类是写有"重要"或"紧急"字样，要你尽快查看的邮件。

前者让你单看题目无法了解到邮件的内容，这类邮件的发件人即便具备基本的礼仪和常识，他也是妨碍你工作效率的"时间小偷"。

而后者则是想让你尽快查看邮件，这类邮件的发件人可以说非常自私，不顾时间、地点、场合，是随意侵犯你私人空间的"时间小偷"。

在商务场景中，有很多感谢或通知类的邮件往来，其中有一些只是简单表达一下"昨天实在是太感谢啦""能与您见面备感荣幸""期待能与您再次相聚"，而并没有什么实际内容，仅仅是礼貌性的邮件。

还有一些所谓的"紧急"邮件，内容大都是推销或广告之类，只是发件人随手发送的。

对于这类邮件，尽管很无奈，我们却常常不做任何处理"暂且保存"，或是回头找机会再"删除"，或是没办法只好

第三章 电子邮件、社交网络清理术

"回复"。却不知,这些做法都只是在浪费我们自己的时间罢了。

为什么这些邮件总能混进来呢?

在把问题的责任归咎于对方之前,让我们先来审视一下自己的行为。

- 为了获取信息而注册了多份电子杂志 ➡ 每天收到很多电子杂志而实际上完全没必要。
- 在宴会或会议上大范围交换名片 ➡ 即使收到问候或邀请的邮件也想不起来对方的样貌及聊过的话题。

如果对什么信息都想了解,和什么人都要交往,那么你就会背负很多不必要的负担。那将会耗费你大量的时间和精力。所以,请马上清理。

首先当然是取消没必要的电子杂志,同时你还可以自己来制定一些特别的清理原则。比如,对于想不起长相的人或礼节性邮件不予回复等。我就给自己制定了以下几条原则:

- 每天只在刚上班和快下班时查收两次邮件,其他时间不看邮箱。
- 看到不需要的邮件就立即删除。
- 只保存有必要进一步交往的人发来的邮件。

- 不急于回复邮件。即便是急需回复的邮件，也要在反复斟酌字句，确认数字准确之后再回信。

养成这样的习惯以后，你不仅不会再因海量邮件而烦恼，还能够分辨出哪些是有用的信息，哪些是值得交往的人，最终时间得以有效利用，工作也得以顺利推进。

按自己的方式清理邮件。

会工作的人不"立即回复"

刚才我说过，"即使是需要回复的邮件，也不要急于回复"。

对这一点，可能有的读者不太明白。

是想占据主动吗？

还是想先看看对方的态度呢？

都不是。是因为"语言的重要性"。

如果你富有职业经验或专业技能并身处要职，我想你一定能明白这其中的含义。

假如一个新手在邮件中出了错或说错了话，他只要说一句"我大意了""实在非常抱歉"，就能像什么事都没发生过一样被谅解。而同样的情况如果发生在老板或主管、骨干员工身上，就必须得郑重其事地赔礼道歉。

因为人们认为，身处重要位置的人写的邮件都是100%正确的。

邮件内容里出现数值或期限的错误、意见的摇摆，都是不可想象的。

一个会工作的人收到邮件后，他会通过反复阅读，了解其中真正要表达的意思后，用准确的语言拟写草稿，然后再经过多次确认没有错字漏字，以及正确使用了数字和敬语之后，才会发送回信。

我的宗旨是，除急件以外，"放一夜"再回信。

实际上，当你把回信放了一个晚上以后，再拿出来读一遍，就会发现很多错误。诸如，把（星期三）误写成了（星期四），或是把已升任"部长"的对方仍错称呼为"课长"，又或是其他容易让日程安排或客户维系出现问题的错误。

"我才不会犯这种错误或笔误呢"——如果你这么想，那才真的要犯错误了。

你可能还会说，收到邮件以后马上回复是一种礼貌。

这种想法很好，但会不会因为一心想着尽快回信，而忽略了对方真正想问的事情？

电子邮件能够比书信更便捷，比电话更轻松地传达自己的想法或信息。

这可以说是电子邮件的魅力所在。可若是用书信来回复的话，我想无论是谁都会很在意自己的措辞是否恰当或内容是否准确，并在把信投递出去之前一定会反复阅读自己写好的信。

如果要用电话回复对方的话，我们也会先去了解一下他的工作或生活方式。在打电话时，也会为了节约时间而省去一些"没必要"的话。

不管是通过书信还是电话的方式回复，我们都会如此"下功夫"。

而那些会工作的人，把这种"功夫"也用到了电子邮件当中。

也就是，看过邮件不马上回复。

只要试着这样去做，就能让你的邮件变得内容更扎实、更准确。

写电子邮件也得要"下功夫"。

3.

多写一行"P.S.",瞬间提升邮件效率

那些位高权重的人,行动力强的人,交际广泛的人,他们每天都会收到大量的邮件。

商业公司邮件量的增加是和它的业绩增长成正比的。

可以说工作越是出色的人,就越是整日被埋在成堆的邮件中。

所以你辛苦写出来的邮件,很有可能在他的邮箱里毫无存在感。

我有一个简单的方法,能让他更乐于打开你的邮件。

那就是,在邮件的最后加上一行P.S.,也就是附言。

但这里说的附言,不同于书信或明信片上那种礼节性附言。

我下面要介绍的这种方法能够让对方对你的态度变得更加"积极",他会对你产生兴趣,更乐于与你交流,希望和你一起工作,甚至想与你会面。

让我们来举一个例子看看,假如你在邮件正文中向对方提出了见面的请求。而收件人是一位忙于生意的企业家。

通常这种情况下,邮件标题都是"关于面谈的请求",这时别忘了具体写上"提前向×××社长介绍新产品×××""向您介绍经×××认证的新产品"之类的内容哦。

正文中,在简明扼要地写下面谈内容或约定时间等信息以后,通常在邮件的最后,还会以这样的话来结尾——"若能有机会与百忙之中的您见面将不胜荣幸"或"社长什么时候有时间都可以,还望能拨冗相见"。

之后再来个固定格式的"署名",这样就是一封标准的商务邮件了。但是我不会这么写。

我会在结尾的"若能有机会与百忙之中的您见面将不胜荣幸"或"期待能与社长会面"之后再加上一行:

P. S.

"我使用×××(对方公司的产品)已有3年。现在已经离不开它了",或"我曾梦到过与社长一起工作",或"您的生日马上就要到了吧",或"我到现在还忘不了与您第一次见面时的激动心情"。

像这样再加上一些关于对方公司的产品或对方本人的感想，或是有关自己的一些个人轶事。

如果你们私下里也有很亲密的交情，那也可以加一句体现你们之间交情的轶事或信息。比如：

"我发现了一家很合社长口味的西餐厅"，或"我用从社长那里学来的品鉴熟成肉的方法现学现卖了一下"，或"我看了您推荐的×××，深受感动"，或"多亏了您教我的×××，我终于减肥成功啦"。

正因为商务邮件本身是非常正式严谨的，这种 P. S. 才更显生动。

对方能从中深深感受到你对他本人及他的公司的关注与关心。

如果你一直认为商务邮件就应该是从头到尾都规规矩矩的样子，那真该重新认识一下了。

规规矩矩的邮件是不能打动人心的。

在不经意间，用 P. S. 增添一点点让对方惊讶或意外的惊喜，就能使这封邮件抓住人心。

邮件正文简明扼要，P. S. 附赠惊喜。

这样一来，回信率将显著提高。

甚至还有可能收获意想不到的机遇或工作机会。

这种加一行 P.S. 的方法我已经使用了十多年。现在，朋友们会说，"只要是臼井女士的邮件，我会马上去看"，"我也经常借用您的一些令我印象深刻的 P.S."。

所以，加一行 P.S.，让你的邮件锦上添花吧。

余音缭绕，打动人心。

改变称呼，能拉近距离、节省时间

你写的邮件是不是常常用对方的全名以×××先生/女士来开头，以固定格式的商务署名结束呢？

如果收件人是交往不深或有一定社会地位的人，又或是与自己没有什么利益关系的人，这样写邮件无可厚非。

但若是经常往来邮件，或虽职位高但经常关照自己、无话不谈的人，就没有必要在邮件中用对方的全名来称呼×××先生/女士。

对交往多年的朋友还称呼"×××先生/女士"的话，会很无趣。

虽说要礼貌待人，但这样也会让对方觉得有一点疏远。

相处时间尚短的时候，我会在邮件中以对方的公司名+部门+职务+全名+先生/女士的形式称呼。在后续的邮件往来中，会先省略掉自己固定格式的商务署名，只署上"臼井由妃"的名字。

于是作为回应，对方也会在回信中只署自己的全名。

虽然也有人在回信中仍沿用商务格式的署名，但此时，双方对彼此"想要拉近距离"的意愿都已心知肚明。

这无疑是个能让双方更亲近的好机会。

所以，这之后就一定记得不要再使用固定格式的商务署名，而要署上自己的全名。对方在回信中，也几乎都会放弃商务署名而改用全名的。

一般在商务署名中，除了对方的公司名称、部门、职务，有时还会加上自己公司的产品介绍等等。仅仅是省略掉这种复杂的内容，就足以增添亲近感，让人产生好感。至此，彼此间不仅可以感觉像是正在面对面地交谈，还可以产生一种信任关系，使双方可以用最少的语言来传达意思。

于是，邮件往来更加顺畅，也节省了时间和精力。

虽说应该把有意义的事情规范化，但不管是谁，如果不改变尊称或署名的方式，对长期交往的朋友也一直用同样的称谓，这就不算是有意义的事了。

还有一些邮件的称呼和署名比正文部分更要紧。

比如跟对方确认时间的邮件，如果正文只有"我将于11月7日15点在×××恭候您"这么一句话，那么称呼和署名的部分就只用全名就可以了。在这儿就没必要特意加上冗长的署名了吧？

很多下意识的行为反倒能节省时间或精力。

可以先去看看你邮箱里的已发送邮件。
然后你就会发现自己平时都是怎样写邮件的。

机械地重复将使人际关系疏远。

"CC"越多,效率越低

说实话,每当收到附带很多抄送人的"CC(抄送,Carbon Copy 的缩写)"邮件时,我都感觉很郁闷。

这并不是说使用"抄送"功能不好。

而是因为邮件内容涉及这么多人,回复时自然就不能太随意。由于责任重大也会让人倍感压力。

如果只是一对一的邮件,我们就能很容易判断用什么样的称呼和语言是最适合的,即使是工作邮件,有时候措辞也可以随意些。

而附加了"CC"收件人的邮件,很多都是为了让上司或负责人了解职员之间就某项工作的配合情况。回复这类邮件就必须要仔细且谨慎,既做到彬彬有礼又能让所有看到邮件的人都能明白。

因此，通常在回应"附加'CC'的邮件"时都会很费精力。

不过，也不乏一些不以为意的人，依然用写一般邮件的方式回复"CC邮件"。

这些人可能没有意识到收件人里也有上司或者领导。

大家想一想。

在收到与管理层高度关注的工作项目相关的邮件时，你有没有未经深思熟虑就直接回复邮件，之后却发现回复内容并不完善？

不难想象，这是由于当时你没有考虑到"CC"中附加的被抄送人。

甚至有人还有可能说出一些会伤害到没有被"CC"到的人的话或草率的用词；还可能会导致自己公司的内幕消息、对手公司的传闻，乃至客户信息等内容的外泄。

总之，写一封"附加'CC'的邮件"需要你比以往更加用心谨慎并全面考虑。

如果说你在一对一邮件上的用心是1的话，那么"CC"5个人的邮件就需要不少于它5倍的用心。

在团队协作过程中为了方便起见，大家经常会使用"CC"功能。所以，如果收到的邮件中设定了"CC"收件人的话，可千万不要忽视哦。

即便是团队工作邮件，我也不会"CC"超过2人。

若相关人员不止这两位，我就在邮件中请他们向其他相关人员传达。

要是一封邮件的"CC"收件人不超过两位，那么回复时我就会把所有收件人的名字都写在邮件开头，并且在结尾处为他们每个人加上一行亲切的P. S.内容。

举例来说，如果是一封发给大领导山崎先生的邮件，同时又"CC"给川岛课长和田中部长的话，我就会在邮件结尾处加上这样一行文字：

"P. S.

一直以来，承蒙山崎领导的热情支持，并仰仗川岛课长的行动力和田中部长的决断力，我一直心怀感激。"

对于看到邮件的这三个人来说，有没有这句话，最终体现在他们之间齐心协力的程度或合作协调性上的效果是完全不一样的。

你需要做到以上所有这些才算是一封合格的"附加'CC'邮件"。是不是觉得很费事？

所以，最好还是尽量避免在邮件里"附加'CC'收件人"。

聪明人都懂得"CC"越多效率越低。

"附加'CC'邮件"必须考虑周全。

电邮达人的 3 个时间缩短术

一个懂得如何工作的人会在邮件中充分考虑对方的感受。这体现在三个方面：

① 明确告知结论

② 反应迅速

③ 电邮与传统沟通方式并用

下面我们依次说一下。

① 明确告知结论

对于工作忙碌的商务人士来说，那些必须看到最后才能明白到底想说什么的邮件必定让人厌烦。

我建议可以把邮件的要点写入标题,开头部分再简明扼要地写一两行"概要"。

另外,是协商,委托,还是通知?是否需要答复?需要对方马上处理,还是缓办亦可?这些都需要明确地写清楚,并要及时提供相关参考资料。

回复时也一样。若需给出"是"或"否"的答复就清楚说明。如果回答是"否",还要注意不要做过多的解释,因为你说得越多,对方越会觉得那些都是借口。总之,在邮件开头就把结论明确地摆出来,这样做也是出于为对方考虑。

主题:关于"17日的面谈"时间变更的请求　　臼井由妃
山田雅彦先生,您好! 由于我要去大阪出差,原定17日13点与您的会面不得不改期了。下述时间中,不知您何时方便。望确认。 20日(周四)13点、21日(周五)14点、24日(周一)15点。 P. S. 我这次要去山田先生的老家——大阪,希望那里的企划工作能顺利。 <div align="right">臼井由妃</div>

② 反应迅速

前面我们说过,收到邮件后最好先放一个晚上再回复,不过还是应该尽早让对方知道"邮件已查收"。

否则,对方在等待回复中会焦虑不安,并且这种情绪也将带入到你们以后的互动中。

比如,收到委托或咨询的邮件时,我会先回复对方一句"邮件已查收。明日回复。望知悉"。

有了这句回复,对方对你的好感度将大不一样。

③ 电邮与传统沟通方式并用

所谓传统方式,是指直接面对面地谈话。那些用电子邮件无法传达的微妙语气,通过面谈的方式能准确地传递给对方。当然,打电话也有同样的效果。

总是通过邮件往来沟通难免觉得枯燥乏味,尽管都是工作,但毕竟人都是渴望情感交流的。

一个在邮件中给人印象刻板的人,见了面竟然发现他其实非常容易亲近。

一个常在邮件中提出各种苛刻要求的人,尝试跟他电话沟通以后,事情马上就得到了顺利解决。

上述这种情况在工作中并不少见。近年来,电子邮件逐渐盛行起来,不过也别忘了利用面谈或电话等传统的沟通方式。

会工作的人懂得在沟通时先考虑对方的感受和状态。

这也是电邮达人的思考方式和行动方式。

这么做所带来的好处,不仅仅可以缩短工作时间,而且更能够建立起丰富的人脉。

替对方考虑是缩短时间的第一步。

即刻与自我满足的社交网络说再见

从博客到可以随时发布日常状态的Facebook,我自己也积极参与到这些社交网络中来了。

在Facebook上,我有一个名为"臼井由妃"的官方账号,主要发布与我写作、演讲及顾问工作相关的内容。同时,我还有一个私人账号——"另一个臼井由妃",在那上面,我会发一些与音乐相关的活动和我作为"热海市旅游宣传大使"所做的宣传。

另外,以前每次在新书出版前两个月左右就要开始做新书宣传。这期间,为了吸引读者的关注,我会特别制作一个

"Facebook 页面",把有关出版计划的一些内幕消息、新书的精彩片段等持续不断地发布到社交网络上。同时,在网站或电子杂志中也会适时地发布相关信息。

我从十几年前就意识到,虽然社交网络和网站都是面向非特定人群的,但在社交网络上能更便捷地发表评论,而且如果粉丝数量多的话,会更有助于写作或演讲的工作。

的确,我能够通过社交网络与关注我的广大粉丝们深入交流。有的粉丝会经常给我回复善意的评论,有的粉丝会把对新书的感想发布在自己的页面上,而有些粉丝如果看到我没有实时更新状态,甚至会担心地给我留言:"您身体还好吗?"

我也曾有过这样的经历。

一次,我们临时计划要在一个很大的场地搞一个"新书发行纪念演讲会",这就需要在短时间内召集到足够多的观众。当时我就是通过社交网络发布的通知。

我在发布的帖子里请粉丝们帮忙转发,于是看到转发的粉丝们又请朋友们帮我继续转发。最后,演讲会当天会场里座无虚席。

我从没有想过社交网络的潜力如此巨大。

我使用社交网络的目的是想让更多的朋友了解我也是一个作者、演讲者以及经营顾问。

第三章 电子邮件、社交网络清理术

我也会时常发布一些个人生活方面的消息，希望能拉近与粉丝之间的距离。

我接触社交网络有两个目的：宣传工作，增加粉丝。

尽管有时会受到一些批评或中伤，但这些正说明我被大家所关注，所以我一直在坚持使用社交网络。

我就是这样抱着明确的目的，在社交网络时常发布消息的。

即便这样，有时在临近截稿日期或工作约定期限时，我也会偷懒，"今天就不发了吧""一天不发也不会有什么损失的"。

在这种疲惫不堪的时候，我也会产生这种想法——

"虽说每天在网上发布消息都是有目的性的，但那会不会只是为了自我满足呢？"

并且还会有一种超越问题本身的无力感。

漫无目的地使用社交网络一段时间以后，不知不觉间你的好友增加了，评论和留言也越来越多。如果回复这些留言或继续发布消息开始让你感到困扰的话，何不马上停下来？

把耗费在这些事上的时间用到写企划书、报告书以及给客户写感谢信、打电话这些有意义的事情上去吧。

即使是像我一样有目的性的朋友,也要好好思考一下使用社交网络到底有何"收获"。

没有意义的事就算不停地做下去也是毫无价值的,一直去做那些不能从中有所收获的事,就会白白占用我们大把的时间。

你使用社交网络的目的是什么?有何收获?

第四章

一周从周五开始

Time

不断达成目标的人如何订立计划

一周从周五开始

对大家来说,一周是从周几开始的呢?

周五吗?

还是周一?

在日历上,通常周日都是在第一格的位置。但学校和公司一般是以周一为开端,以周五或周六为结束。所以大多数人都会认为,周一才是一周的开始吧。

我先说说我的想法:

一周是从周五开始的。

"什么?周五不应该是周末吗?"

有这种疑问是很自然的。不过,和大多数人想的不一样,对我来说,周五才是一周的开端。让我再说得严谨一些——

从周五开始新的一周。

为什么要在这件事上如此费神呢？当然是为了提高时间密度。因为这样可以使人更高效、更精力充沛地工作，并让一周变得更加充实。

如果你觉得我是在开玩笑，相信在你看完接下来我要说的关于我使用一周时间的方法后，就一定会明白其中的意思了。这就是"臼井式 PDCA（Plan 计划、Do 实行、Check 检查、Action 改进）循环术"。

让我们先来想想"一周能工作几天"，如果周六周日休息的话，能用来工作的就只有 5 天时间——一般来说，大家都是这么想的吧。

但我从这里开始就和大家不一样了——

一周只有从周一到周三这 3 天的时间。

这样想的话，我就会把一周的工作在这 3 天时间内完成。因为，如果认为"一周有 5 天时间"的话，在考虑这一周日程安排的时候，就会把必须完成的工作分成 5 份来计划。

这样不可以吗？——不行。如果这样的话，你的这一周就都会被那些必须完成的工作捆住手脚，只能顾及眼前该做的事情。这也将使你以后的每一天都被工作追赶，被时间追赶。

因此，我会在周一到周三这3天时间里把一周需要完成的工作都做完。而在所有工作中，我会优先去做那些紧急或回报率高的工作。

"回报度高的工作"是指，重要的、有期限的、短期回报率高的工作。

制订工作计划时，我会首先根据"回报率"给所有工作排一个优先顺序。

给工作设置优先顺序的方法有很多，但仅仅依据重要程度来划分的话，判断标准模糊不清，最后很难决定到底该先做哪项。

当然，按回报率衡量也并非是只考虑金钱方面的回报。诸如，对自己（公司）有利，能有所收获，能见到关键人物，这些都可以作为回报率高的工作来判断。

如此，我把必须做的事情和性价比高的工作都放在周一到周三来完成。

再来，就是周四的使用方法。周四，我会梳理一下周一到周三所做工作的进展情况以及问题。如果进展没有预期的顺利，就要检查一下原因何在。

如果能把这种"实践—检验"的方法贯彻到底，不仅可以避免工作失误，还有助于提前完成任务。

在臼井式的一周里，从周一到周四这四天时间是用来对工作进行实践—检验这个步骤的。而在这几天里，我并不是以我自己的意愿为主导来工作，而主要是踏踏实实地去处理那些不得不完成的工作，所以也可以把这段时间称为"防御期"。

那么周五就是"进攻日"了。

我会在周五为下一周的工作做铺垫，比如准备资料或确认预约。这样就能以"待办事项清楚明了，准备工作精准到位"的状态迎接下一个周一的开始，并提高一周的时间密度。

这就是我说的"一周从周五开始"。

另外，周五还有一件重要的事情要做。那就是，思考一些平时因忙碌而无暇顾及的中长期规划，比如制定销售策略或市场运营方案等。

如何利用周五不仅关系到下一周，更会对未来漫长的职业生涯带来重大的影响。

"忙来忙去的又到周五了，这一周又快过完了。"

如果只把注意力放在眼前必须做的工作上，一周一转眼间就会过去了。若每一周都是这样匆匆度过，那么你就只能看到眼前而无法放眼未来。而对未来毫无把握又会让人感到不安，

第四章 一周从周五开始

不知道"我到底在做些什么"。若一直摆脱不了这种状态,那么工作最终将变得无趣而乏味。

为了避免这种状况的发生,我们每周都需要花一天时间来为未来做打算。付出这一天的时间可以确保我们向着正确的方向迈进。

前面我讲过,"忙碌时学习,内心更从容",此处同理,无论多忙碌,我们也一定要花些时间来思考将来。从长远来看,这是能使事业和人生都顺利的秘诀。

周五规划未来,并为下一周做准备。

周一、周二、周三把该做的事做完,周四进行检查和改进。

形成了这样的一周工作节奏以后,不管工作多忙,你的动力都不会下降。因为你确定自己正向着大好的未来一步一步地不懈努力,并且能感觉到自己对未来的一周非常有把握。

一个人如果对未来充满希望,那么不管现实有多艰辛,他都能够跨越过去。

周末并不是松懈的日子,而是给自己重新上紧发条的机会。

2

主动把期限提前

以前，我每个月总有一天会胃疼，就是每月的 15 日。那是因为我在杂志上连载文章的截稿期限是每月 15 日。

当时，我每次要写 10 页的稿子。这一写就是 10 年。虽说现在结束连载已有 5 年了，但对我来说"15 日"的截稿日期已经深深刻到骨子里了。即使是现在，时间一迫近 15 日，我还是会紧张。

截稿日没有交稿的话，编辑就会打电话来催稿。要是因为我造成了延期，会给很多人带来麻烦。可有时候，我直到截稿前一天都写不出东西来，到了最后一天慌忙开始要写的时候，却突然有客人来访或被电话打断，总是没法专注于写作，只得任由时间一分一秒地流走……

一说到时间的话题，就肯定会想到这句话——"不要成

第四章 一周从周五开始

为时间的奴隶"。可是，大概谁都有过那种因某个约定期限迫在眉睫而彻底陷于被动的经历吧。

如果一项工作没能在约定期限内完成，则不仅工作本身会变得很难办，而且在这种时间紧迫的情况下还很容易犯一些平时不会出现的错误。

比如，因着急而过于焦躁，让平时看来很简单的工作也会出现问题。而问题的出现又会让人变得更加焦躁，最后陷入无法自拔的恶性循环中。

假如客户提出月底前交货，但时间紧张，如果慌忙交货，就很容易出现如"交货对象错误""数量错误"或"应收货款错误"这些平时不会出现的低级错误。

我就有过类似的经历。有一次，我们好不容易想办法赶在最后期限前完成并交货，可却错把另外一位客户的交货单发了出去，结果泄露了其他客户的信息和进货价格……

这是那种平时想也想不到的错误。最终，我们除了没能按时交货以外，还出现了如此严重的失误。所以说，焦躁会使情况变得更糟。

那么如果想避免出现这种"迫于时间""迫于截止日期"的状况，并防范"由此造成的二次损害"，到底有没有好的办法呢？

我在长期的研究中发现，虽然没有所谓的"特效药"，但有两点是可以去积极尝试的。

第一点是，"由自己来设定截止期限"。

开头我提到的每月 15 日就是一个由对方确定的截稿日期。但比起由他人决定的事情，人们对出于自己主观意愿的期限或主动意识到的问题会更有积极性。是由别人确定期限还是自己主动设定期限，从工作效果来看，不论是主动性还是行动力都存在很大的差异。

所以，当别人交给我一项工作并问我"什么时候可以完成"时，我会根据自己的实际情况设定一个期限。

第二点是，"把期限提前，并让人知晓"。

也就是说，力争在对方希望的截止日期的两三天前完成任务，并以此为目标安排工作。并且，把自己设定的这个提前的期限也告知对方——"虽然交货期限为××日，但我们可以在××日前完成并交货。"

特别是在做那些自己不擅长或烦琐的工作时，我们很容易在不知不觉中拖延时间，即使自己想按时完成，在此过程中也会由于产生了逃避的念头而导致无法如期完成。

正因如此，遇到自己不擅长的或是没做过的工作时，我会特意将期限提前很多，并告知对方。

主动把期限提前，就可以使你从"受制于期限的被动状态"变为"主动掌控期限",在精神上也能变被动为主动。

而且,主动缩短限期会让你不得不集中注意力,反而可以高效地完成工作。

与其被人逼得走投无路,不如自己逼自己一下。

将所有计划整合到一个日程表中

提到日程管理,过去我们只有"纸质的日程手册"用来记录,而在电脑和智能手机普及以后,很多人开始用起了"电子设备"。

某项调查结果显示,现在仍使用"纸质"手册的人占六成,而只用"电子设备"的人还不到两成。看来"纸质派"仍然占优势,不过可能也有一部分人是用纸质手册记录工作相关的日程,而个人生活方面的日程就用智能手机记录。

而我恰恰认为，这种两种工具并用的方式无异于"时间小偷"。

在那段不仅要管理公司同时又要为准备国家资格考试进行复习的日子里，我对此有深切的体会。

也就是，一定要将所有计划整合到一张日程表中。

工作日程、学习日程、个人日程。

有的人会将这些日程分门别类地记在很多个日程表中，比如把与工作有关的日程记在纸质手册上，而个人生活方面的日程则用智能手机记录。

在旁人看来，这样对时间进行管理的方式似乎很牢靠。但实际上，这样做的大多数人并没能更有效地利用时间。

多数情况是，他们同时携带好几本日程手册，或是纸质手册和电子日程并用。这样一来，安排日程本身就变成了一项工作，并且还会额外耗费时间。

把所有安排都记在一个日程表中就会方便得多。

简单来说，如果你有两本日程手册，那么可以想见，总有一本是你不太经常查阅的。

假如你每天查阅工作日程，而个人日程则是偶尔才看一下的话，那么这两者之间就无法良好地协调。优先安排个人日程的方式自然也是不合适的，而那种完全不顾及工作与个人日程安排之间冲突的做法则更轻率。

因而，我会将所有日程全都记在一本手册上。

在月度日程表中，除了工作安排和社交安排，我还会把兴趣或出游的计划也记录在内。

要想在繁忙的日程中安排好时间，就必须同时掌握工作和个人的各方面日程。从这方面考虑，也需要将所有安排集中到一个日程表上。

能对自己所有的日程安排一目了然，比什么都重要。

另外，经常会有这样的人，他们"在日程手册中只记录有别人参与的工作内容"，也就是说，他们认为只需要自己就可完成的工作没必要特意记在手册里。从全盘掌握的角度出发，这种做法也是行不通的。

由自己独自完成的工作也一定要记录在日程手册上。

我管这种工作叫作"自我约定"。

最后还有一点。

让你的日程"吃八分饱"。

有些人喜欢把日程安排得非常细致。

但如果计划过于精细，在无法按计划行事的时候，就难免会产生烦躁情绪，导致失败。

计划只做"八分饱"。

不要一味追求"拼命干的话可以完成这么多",而要以"至少能完成这么多"的标准来订立计划,并准确按计划去完成。这样干起工作来才有动力,时间效率自然也就高了。

然后就是定期对工作进行检查。对手头的工作进行梳理,核对每一项工作的进展情况,以及确认待办事项的后续处理方式等。

如果工作未按计划完成,一定有其原因。分析并找到其原因后,迅速着手处理。这其中,要优先处理那些可以独自完成且重要程度高的工作。

我会把这种对工作的定期检查预先写进日程计划,并尽量安排在每周四进行,然后把每月的最后一天作为备用日,整体回顾当月的工作情况。

不管一人身兼几职,日程表只做一个。

第四章 一周从周五开始

写不下的信息用便笺

日程手册或日程表是制订中长期计划必不可少的工具。虽说在如今这个 IT 时代，使用电脑或智能手机来管理日程的人越来越多，但就像我前面讲的，大多数人依然还是在使用纸质的日程手册。

现在"手账"风行，从小本手账到系统手账、电子手账等种类丰富，而且市面上还有很多专门介绍手账用法的书籍或杂志特刊。

一本手账，价格从一千日元到几万日元不等，各种档次的都有。不过，因为手账并不是给别人看的，大家在选购时，应该以自己使用方便为原则。我最爱用的就是 ANA（全日空航空公司）每年赠送给会员的手账。它小而薄，一个月的日程表印在对开的两页上一目了然，所以我非常珍爱。

下面我就给大家介绍一下臼井式手账使用法。

- **分别用铅笔、圆珠笔、粗号签字笔区分使用**

诸如临时的计划或马上就能出结果的事项,为了方便之后擦去,最好用铅笔写;已确定下来的日程用黑色圆珠笔记录;而重要事项则使用粗号签字笔。这样区分使用的话,日程的优先顺序就一目了然了。

- **使用自己的一套记号**

比如,你要在下周的会议上使用 A 参考资料第 30 页中的内容,就可以写"A30 参"。或者,若按计划完成了一项工作就标注一个"◎",反之则标一个"×"。这样一来,小小的一本手账也能够记录下很多重要的信息了。

手账不是用来给别人看的,所以这些记号只需要自己明白就可以了。而且,熟练地掌握了记号的使用以后,还可以大大缩短记录备忘事项或拟写日程的时间。

- **使用便笺**

写不下的信息可以写在稍大的便笺上,贴在手账里。

比如,"18 点,与 B 先生约在银座的 A 咖啡馆见面",就可以在日程表中只写一个"18 点",然后将"银座、A 咖啡、B 先生"的信息记在便笺上贴在旁边。即使之后计划有变,也可以再重新换一张便笺，非常方便。

另外，我在浏览公交车车内广告或期刊读物时会看到一些中意的关键词或想记下来的词，这时也会迅速记在便笺上贴进手账里。用过后直接把便笺扔掉就可以了，或者把那些需要留存的便笺直接贴到另外一个笔记本上，这样还可以省去再誊抄一遍的工夫。

这种灵活运用便笺的方法可以应用到非常多的场景中。

- 激发动力的小细节

如果一个日程表里只记录待办事项，就成了简单乏味的记事日历。但若稍加用心，它其实还可以激发出努力达成目标的动力。

我会在日程中加上"x月x日全身美容按摩"或"x月x日法国大餐"作为对自己的褒奖。有了这些，即使之前3天的日程都非常辛苦，但一想到"只要挺过这3天就可以去……了"，自然就会动力满满。

另外，两页对开的月度日程表中，每一行的周日程里一定会有空白的日子。在这些空白的地方，我会记下自己的决心——

"开始是关键！白井由妃，加油干！"

这些如果被别人看见了肯定会难为情，但这本来就不是给别人看的，所以也没关系啦。

既然是每天都要带在身边之物，那就120%的活用起来吧。

手账乃每日必备之物，其功能性远胜于外观。

超效率工作术 成为「时间富人」的秘密

周五做下周的准备和订立长期计划

	日	一	二	三	四	五	六
11月	只剩一个月了 不要浪费时间！达成3%的销售目标（10/13）		写不下的内容用便笺贴在一旁	5963：您辛苦啦（谐音） 1129：注意着（谐音） 3K：臭、脏、丑（谐音） 热卖与否的关键：3K	1 早 书籍企划案 8:30确认上月销售额 9:30促销会 14:00与N公司会谈 15:30写专栏 16:00准备演讲	2 早 做宣传计划 10:00确认下周约见 11:00确认广告文案 14:00敲定采访事项	3 早 写博客 12:00走访书店 15:00介绍客户 ♥20:00意大利餐厅
♥奖金 约会 朋友聚会 ♪♪卡拉OK 兴趣活动 预 预定 加 加班 早 AM5~7 上午 东 东京站 大 大阪站 羽 羽田 法 法餐 中 中餐 休 休息 放空 午餐	4 休 放空 8:00明天的模拟演练	5 早 为明年出版的书做计划 9:00讨论促销方案 13:00做宣传册 19:00与B公司会谈	6 14:00讨论版面设计 18:00与A公司会谈	7 店面装修 13:00采访（STV） 16:00讨论杂志内容	8 AM9/10/12 挑选进货商 14:30银行 15:00与X公司会谈	9 9:00确认销售目标 11:00提方案 13:30版面设计方案 17:00确认出差细节	10 (上) 连书店 ♥18:00健身房、桑拿浴

设置一些自己能明白的符号

第四章 一周从周五开始

11月	日	一	二	三	四	五	六
♥褒奖约会 朋友聚会 ♪卡拉OK 兴趣活动	11 ㊤打扫卫生 ㊥♪ ♥14:00看电影	12 ㊤出差 写80页稿子	13 ㊦9:00 13:00大阪会谈 PM2/4京都会谈	14 13:00午餐会议 PM4/6营业	15 10:00确认公司杂志 13:00采访（KTV）	16 AM9途中写稿子 PM1确定版面设计 PM2确定下周的促销	17㊤展会 （可爱、独特） ♥PM9聚会
㊦预定 ㊦加加班 早AM5-7 ㊤上午 ㊥东京站 大大阪站 ㊨羽田 ㊧法餐 ㊥中午餐 ㊡休息 放空 午餐	18㊡放空 热海 希望每月能安排两天休息放空的时间	19 AM8早餐会 AM11商工会 ㊥聚餐 5位 ㊧or㊥	20㊤伸展 运动、游泳 AM9讨论包装 11/13/15分别与A/L/K公司会谈	21㊥ ㊧8:30 8:30-5:30 150人A酒店沉住气!	22 演讲 ㊥13:30拍照 确认约见时间	23㊤OFF 15:00恢复工作	24㊤继续写博客 ♥PM4按摩、美容
	25㊤♪ ♥PM7同学会	26 笑容、合同 推荐商品 13:30-14:00 写广告语	27 电视台录节目 PM9收工聚会	28 AM9/10/11确定春季商品 PM1/2促销 13:30购物	29香港客人3位出口 11:30确认出口事宜 15:00带客人游览东京	30 AM10确定下周会见 PM2确定销售目标 PM5准备各研讨会	今天能做的事不要拖到明天!不能任性 在空白处写自己的话

5

如何避免"三天打鱼,两天晒网"

不管订立了多么严谨的计划或日程,若无法实现,那就都是纸上谈兵,变成了日历涂鸦。而让我们无法按预定计划完成目标的罪魁祸首,恰恰是我们自己。

"下个月之前想出新项目的计划";
"以后每周末参加学习会";
"今年一定达成减重 5 公斤的目标"。

像这样下个决心并写到手账里,是谁都可以做到的。但想想看,是不是很多人过不了几天就泄了气,最后喊着"哎,我竟然还想过做那种事啊"就不了了之了?这就是所谓的"三天打鱼,两天晒网"。

这种习性自古以来就是人类的敌人,而人们也研究出了很多种克服它的方法。其中典型的有：

- 把完成目标的期限分成几段，分别确定每段"做什么"和"做多少"。

- 写下来贴在目之所及处，并且并不是一直贴在那里不管，而是要一个月左右重新贴一次，以强化意识。

- 将写下来的目标每天多次大声读出来。

- 将目标写在每天反复看的手账或文件夹中。

但如果这些方法在现实中真能解决问题的话，也就不用麻烦了。

因为上面这些方法只有极少数严于律己的人才能做到。

像我们这样得过且过的人是不是就无法克服"三天打鱼，两天晒网"的陋习了呢？当然不是啦。我们可以借助帮手的力量，携手一起来克服它。

具体来说，就是向周围的人宣告自己的目标。而对象最好是那种会不断给人鼓励、让人鼓足干劲的人。比如，可以考虑你的同事或朋友。

如果你有孩子，可以把目标说给孩子听。因为如果你无法信守与孩子的约定，他们就会认为"爸爸（妈妈）说话不算数"，并因此小瞧你。作为父母，你就会颜面扫地。

如果这样还是担心自己会犯懒的话，那么我建议你去找那些会在你失败后痛骂你一顿的人。我把这类人称为"大人物"。把你的目标去讲给这些你尊敬的人或业界大佬们听。

善意地逼自己一下，迫使自己不得不行动起来。

我当初在短时间内如愿顺利通过资格考试，就是因为之前把这个目标告诉了一位"大人物"。他是公司的顾问律师，同时也是律师协会中备受尊敬的前辈。我当时是这么跟他说的：

"我会一次考过宅建士和行政书士两个资格。如果我成功了，请您给我奖励。"

然后，还特意让他在自己的手账中把我这番宣言记了下来。

如此高调宣布以后，就无法再回头了。于是我不管三七二十一地埋头学习，终于顺利地一次通过了。

如此说来，已故的佐藤富雄先生也曾是我的一位"大人物"。佐藤先生是一位身兼医学博士、理学博士、农学博士的超级大咖，他出版的商业书籍中有很多都成了畅销书。他可是一位名副其实的"大人物"。

当我刚开始做企业管理工作的时候，就曾把自己的目标告诉了这位自己非常仰慕的前辈：

"我也要写书。总有一天,我也要在佐藤先生曾出版著作的出版社出版自己的书。"

而后来,我果真得以在出版过佐藤先生多本著作的出版社出版了自己的书。对此,我感慨颇深。在那之后,我曾在佐藤先生千金的婚礼上又问过他:"您还记得我那日的宣言吗?"先生答道:"当然记得。"

我深切地感到,正是借助这些"大人物"的力量,自己最终克服了"三天打鱼,两天晒网"的坏习惯,并得以按计划持续不断地做着自己该做的事情。

找到你的"大人物"。先不管能不能做到,告诉他你的目标!

提高明日时间密度的3色马克笔活用法

前文中我们说过"事前准备可以提高时间密度"。这也同样适用于日程和计划。要想让明年变得更加充实,让下个月更加充实,让下周更加充实,就需要预先考虑日程安排,并有计划地行动起来。

同样的,若想让明天更充实,时间密度更高,就要提前订立明天的日程和计划。什么时间见谁?该在什么样的时机做哪项工作?如果不能提前确定明天的安排,那么到了明天即使想要有效利用时间也不可能了。

有些人认为,一下班,工作也就结束了,关闭电脑的同时也关闭了大脑的"电源",不想再去花一点功夫订立一下明天的计划。殊不知"时间富人"与"时间穷人"的差别恰恰就在这最后的功夫上。

也许不少人会说,"我大致想了一下明天的计划"。但如果你想提高明天的时间密度,成为"时间富人"的话,就不要"大致",而要"充分"地思考。

这里,我想介绍一下我自己的方法。

首先,把明天必须要做的事情全部写下来。要约见谁啦,有什么会议啦,不只是那些已经确定好对象或时间的事情,要连同我前面提到过的"自我约定"——需要独自处理的事情——也都要写下来。

比如下面就是我某一天写出来的待办事项一览:

① 与演讲会主持人碰头

② 与代理人碰头

③ 向参加演讲会的人分发问题卡

④ 预定出差的车票

⑤ 去 ATM 取钱

⑥ 准备明天的会议，制作会议材料

⑦ 校对连载杂志稿件

⑧ 准备给客户的礼品

⑨ 购买能给人启发的书籍

⑩ 设定 9 月份的销售目标，打印资料

像这样，把能够想到的全都写下来，下一步就是用三种颜色的马克笔来分类。

• 红色——优先级高的事项（有别人参与并确定了具体时间的事情，急事）

• 蓝色——优先级低的事项（不急于完成的事情，自己一个人也可以做的事情）

• 绿色——可以利用碎片时间做的事项

①、②、③是有别人参与的工作，而且需要根据对方的时间来安排，所以用红色标记。

⑥、⑦、⑧是自己一个人就可以完成，或是需要慢慢地、仔细地去完成的工作，用蓝色标记。

④、⑤、⑨则是马上就能完成，或者任何时间都可以完成的工作，用绿色标记。

像这样用三种颜色来分类的话，就能够对明天要做的事情的优先顺序、一天的工作流程以及自己所处的状况等有一个清晰的认识了。

然后，就可以把"红色"事项写到明天的计划表中，因为这部分大多都是已经确定好时间的事项。之后再在空余时间内填进"蓝色"事项。

"绿色"事项也可以不写入计划表中。既然已经体现在一览表的条目中了，只要利用碎片时间把它们做完就可以了。若在计划表中填入"红色"或"蓝色"事项时多留出一些空余时间，就一定会有一些碎片时间的。

如此，将明天要做的事项写下来后用不同的颜色分类，就可以大大减少因工作方式不当而产生的重复劳动和反复确认的时间。

时间效率的高低，
会因安排工作优先顺序的方式不同而产生巨大变化。

工作计划与生物钟的结合

在安排一天的计划时,有一件事一定要考虑。

那就是大脑的作用。

我们的大脑具有一定的生物节律。一天之中,大脑在不同时间的活跃区域也不一样。

如果能够了解我们大脑的这种生理特性,并配合这种特性制定日程,就可以更加高效并且高质量地完成工作。

说起来好像挺深奥,不过也没那么复杂。

用一句话来概括就是,在上午和下午有各自适合和不适合做的工作。其实就是这么简单而已。

先说上午。上午是我们大脑的前额联合区较活跃的时段。所谓前额联合区,是大脑中主要负责思考和计划的部分。

上午这部分最活跃，所以比较适合做一些需要逻辑思考或信息处理方面的工作。

而下午则是交感神经比较活跃的时段。交感神经，是负责接受外界刺激并做出反应的神经系统。

也就是说，在下午人的情感比较敏锐，适合去完成洽谈这类需要与人沟通的工作。

不过，人不是机器。我们的大脑也不总是严格地按这个时间表行事的。有时也会因为身体状态或心情不佳，导致大脑怎么也转不起来。

大脑因受外界环境或人体生物节律的影响，并不是总能够发挥出稳定的功能。

不过，了解一些大脑的一般机能，并在制订工作计划时加以利用，可以最大限度地发挥自己的能力，更有效地利用时间，避免浪费。

我在考虑一天的计划时，会根据大脑的这些特性来安排时间。

具体来说，在前额联合区较活跃的上午，我一般会安排一些写企划书或制定销售策略的工作，而在交感神经活跃的下午，我则安排一些需要与人打交道的工作。

对自身有更多的了解，便能更好地发挥出自己的能力。

用睡前"模拟演练"为第二天做准备

这里有一个可以提高第二天工作效率的方法,那就是把明天要做的事演练一遍。

每晚睡前,我都会提前把自己第二天要穿的套装、皮包、首饰以及工作需要的文件等准备好。

然后再查看一下天气预报,看看有没有必要根据天气调整交通工具或服装。

这些事前准备工作除了可以防止出现遗忘或迟到的情况,还有另一个目的。

在从衣橱里挑选套装或把文件整理进文件夹的过程,实际上相当于在脑子里把第二天要做的事情预演了一遍。

我会想象第二天要见的人或洽谈的地点,到时要说的话等,把会谈过程在自己心里先预演一遍。

"与棘手的客户见面时,尽量不要表现出怯懦,第一句问候就要迎上对方的目光,把话说得干净利落"。

"与上年纪的客户见面时,一定要放慢语速"。

——有时我会把想到的细节说出声来。

特别是第二天要面临棘手的工作时,我会在心中对自己说"我一定能成功"。

仅仅是这样对自己说上一句也能管用。在你熟睡的时候,"一定能成功"的意识会深入脑海,变成潜意识,发挥积极作用。

于是,第二天早上当你睁开眼睛,脑子里就会源源不断地涌现各种开展工作的好点子。

做准备工作时,在脑子里先把事情预演一遍的习惯,能提高第二天的时间密度,如此日积月累便可以提高人一生的时间密度。

没有事前准备就不叫时间管理。

第五章

思考时间不要超过 15 分钟

Time

工作快手的思考方法和思维方式

15分钟以上的思考都是浪费时间

你有没有过这种经历,有时候只是因为在一件事情上多花了一些时间,就感到一种"干了一件大事"的满足感?

我们有时会产生"时间错觉",会觉得,与花费很少时间完成的工作相比,花更多时间完成的工作更加出色。这就像分别花1000日元和5000日元吃完全相同的一顿饭,我们总会觉得5000日元的那顿饭更美味一样。

这当然是一种错觉。同样的,认为多花一些时间就能做得更出色也是一种错觉。

而事实上,在适当的时间内完成的工作要比花费过长时间完成的工作质量更好。

花费的时间与完成的质量并不成正比。

即使是"思考"这种重要的事情也是一样。

我在思考的时候，会把时间控制在 15 分钟以内。即使这时事情还没想出个头绪或尚未想到好点子，我也不会做超过 15 分钟的长时间思考。这是我在工作当中最为重视的原则。

15 分钟的时间算长还是算短，这个判断因人而异。而对我来说，15 分钟是刚好适合集中精神思考一件事的时长。

当思考超过 15 分钟以后，注意力就无法完全集中，并开始出现精神紧张，反倒不容易达到好的效果，也就相当于浪费了时间。

所以，到 15 分钟即使没有成果也先停下来，下次再想。

当然有的人不是这样，无论遇到什么事情，不管花多长时间，他都要彻底思考清楚并得出一个结论。在这点上确实因人而异，但从我身为经营管理者 15 年的经验来看，那种做法多数都是浪费时间。

由于长时间的思考过程中一定会经历痛苦、焦虑和烦恼，所以经过长时间彻底思考所做出来的决定也会夹杂着这些情绪。如果一个方案或一件产品中包含着负面情绪，那么它对受众来说也会成为一种负担。与其千辛万苦地挣扎出一个决定，不如灵感乍现时当机立断，这样更能够获得丰硕的成果。

因而，我在写书稿的时候，如果状态很好就"唰唰唰"地一气呵成，但如果怎么也找不到感觉，15分钟还写不出什么东西来的话，就会立刻停下不再继续写了。

"下笔如有神的时候"和"完全找不到感觉的时候"所表现出来的状态截然不同。有时，即使已确定好题目，但写不出来就是写不出来。这时，就算我削多少根铅笔也没法激发出创作欲和灵感，所以削铅笔也只是浪费时间。

可是，也许有一些读者朋友会说，"如果15分钟内能做出决定自然好，但如果15分钟还下不了决定，不还是会花更长的时间吗？"这是很自然的想法，所以下面我要向大家介绍我使用的短时间思考法和能在短时间内下决定的方法。

你需要做的是准备两种问题——封闭式问题和开放式问题。

方法很简单，就是按照从封闭到开放的顺序向自己提问，然后自问自答。

所谓封闭式问题，就是以"是"或"否"作答的问题。如：

"你想执行这个方案吗？"

"产品研发的资金是否准备充足了？"

而开放式问题则是，只有在一定程度上理解了自己的想法或疑问后才能够回答的问题。如：

"这个方案要达到什么目的？通过什么方式实现？"
"产品研发的前期资金需要多少？广告宣传费用有多少？"
"流动资金如何准备？"

我在思考或做决断的时候，会先问自己一些马上就能得出答案的封闭式问题。而如果连这些问题都感到犹豫，给不出一个明确的回答，那这件事情最好还是先放一放。因为即使勉强做出"是"或"否"的判断，在面对下一步的开放式问题时也会不知所措。

在商务谈判中，聪明的人会不停地向对方提出开放式问题。所以请事先设想一下这种谈判的情形，并给自己提一些开放式问题。如此便可以知道自己的决定究竟如何，是否有疏漏。所以说，开放式问题可以完善决断，并引领你走向成功。

总结一下的话，就是这样一个模式：

① 提出封闭式问题并当即给出"是"或"否"的回答。
② 以15分钟为限，不断向自己提出开放式问题。

如果封闭式问题的回答是肯定的，那么在15分钟的开

第五章 思考时间不要超过15分钟

放式提问后,就要立即行动起来,对思考时注意到的问题着手进行改进。如果不养成这种立即付诸行动的习惯,那么好不容易花了15分钟做出的决定,其效果就要大打折扣了。而如果封闭式问题的回答是"否",说明当前的状态非常不适合做这样的决定,那么就立刻抛开这个想法,去关注下一项工作。

提出的问题越难回答,做决定就会越花工夫,越容易拖延,但心里总在纠结这件事也没有什么用。所以,即使是非常复杂的问题,也要立刻给出"是"或"否"的回答,并在逻辑上搞明白这么回答的原因。这样才能更容易找到最佳方案,并使后续工作更顺利。

养成"15分钟做决定"的习惯以后,不仅可以改掉优柔寡断这个管理者的致命伤,同时还能让你学会注意力高度集中地思考。而且,你一定会惊讶,原来15分钟能做这么多的事情呢。

只是坐在那里陷入对创业之难的沉思,这不叫做决定。

满足于花掉的时间,就相当于在吞噬自己的时间。

善于切换思路 = 善于使用时间。

2. 完成60%的进度时回头检查

无论什么工作都有个时限要求。所以，有时尽管准备尚不充分或没有十足把握，我们也不得不开始一项工作。

但很多人在没有做好充分准备前都不愿意开始工作，不喜欢"先干起来再说"的方式。他们一定要在看过所有资料胸有成竹以后才肯开始一项工作。

这类人会说自己是"谨慎派"，但我不这么认为。我觉得，那恰恰是他们工作没有动力的借口，他们只是优柔寡断而已。

若是当真想干成一件事情的人，即使他还没有准备好，也会先干起来。就是需要这种"Just Do It"的气势。其实挑战一下的话，往往会发现出乎意料的简单，或是能够获得比预想更丰硕的成果。

第五章 思考时间不要超过15分钟

即使最后失败了，也能收获一份经验。在下一次的尝试中，这个经验将成为通往成功的台阶。并且，通过分析失败的原因并反省自己的做法，就能了解导致失败的不足之处。就算在开始做之前想象了各种情况，"不能这样做，也不能那样办"，但最后该失败的时候也依然会失败。

暂且先干起来再说。觉得可以的话，就迅速行动起来。

像上面这样做的人，成功的概率比那些认认真真以求万无一失的人要大得多。其实，如果想要有效利用时间的话，"力求万无一失""谋定而后动"这些想法都是应该摒弃的。**我认为，不管是什么事情，不在开始时追求完美才是让工作顺利推进的窍门所在。**

有人说，"既然要做，就要万无一失"。我能够理解这种希望能够完美地完成工作的心情。但实际上，不管做什么事，在你去做的过程中肯定都会出现问题。解决了这个问题，还会有下一个。所谓工作，就是这样一个反复的过程。在行动之前追求完美是不现实的，应该是在行动的过程中力求完美。

做了一段之后，在适当的时候（从实际经验来看，大概是在进度60%左右时），还要回过头来重新审视一下这项工作或计划。比如，一项别人交办的工作，到了这个时候需要先跟对方沟通一下；这样做可以避免在全部完成并交付工作时，却被对方因"解释有误"或"没按要求完成"而退回。

不把时间浪费在返工上，对自己和对方来说都节省了时间。

以前，我也曾是个很在意细节、不做好万全的准备就不会开始工作的懒虫。而且，时间拖得越久就越担心"失败了怎么办"，想法也越来越消极——"算了，肯定会失败""最好还是放弃吧"……就是个胆小鬼。

这样的我，又是如何变得具有果断行动力的呢？我教大家两个谁都能学会的方法。

一个是，要时常抱有这种想法——"现在不做的话就会错失良机"或"上一次不就是因为没有做而眼睁睁地看着机会溜走了吗"。人是一种非常奇怪的动物，如果我跟你说"把这个机会给别人吧"，那你马上会想，"那可不行！尤其是不能给×××！"这是不是很真实？而且，如果再跟钱挂上钩，那效果就更明显了。

另一个方法就是自己给自己鼓劲儿。"这件事我可以的，我可以我可以我可以"——像这样大声说三遍。如果是女士，手边一定有小镜子，那就对着镜中的自己微笑着说三遍。

并且,这件事不要在没有人的洗手间里做,在人多的咖啡馆或车站里效果会更好。也许旁边有人会好奇——"这人在干吗?"不过这没什么好奇怪或难为情的,你反而应该感觉更好。

因为当别人还在休息时,你已经踏出了第一步。而且由此产生的些许优越感还能帮我们赶走"还没准备好,还是放弃吧"这种畏首畏尾的想法。

等拿到武器以后再出发就已经晚了,要边跑边捡起武器。

用"模仿"提高时间效率

若想节约时间,高效地利用时间,不借助他人的帮助是办不到的。而且,在不违规的前提下,借用他人的想法和主意也是一种高效利用时间的方法。

尽管名片上没有写,但我实际上还有一个发明者的头衔。

在以前经营的公司所出售的产品中，有很多是我发明的。那家公司主营的是健康器械，不夸张地说，有些邮购产品曾创下过销售超过40万件的好成绩，成为市场上大受欢迎的人气商品。

这些产品都不是经过数十年苦心钻研获得的成果，而全都是在短期内问世的。

你要问这是如何做到的，答案就是去借助别人的想法和智慧，也就是借助别人的时间。

我的第一个发明，也就是刚才说的健康器械，正是参考了报纸广告里的产品，再对其进行一些改良，优化了外观以后的成果。

有人会说，"模仿别人简直不可想象，这违反了我自己的原则！"

即便在过程中模仿了别人，只要最终加入了自己独创的想法就能成为一个出色的创造，变成一个新事物。

现在好像有很多人喜欢"划时代的""世界首创"这类词。的确，若是以诺贝尔奖为目标的发明或发现，确实需要这样的魄力。

然而，我们的工作或日常生活中需要的一些想法或点子就不必非要强调史无先例的开创性了，这样的想法反而会限制我们的想象力。

第五章 思考时间不要超过15分钟

在想不出好点子时，认真又老实或凡事力求完美的人会认为是自己能力有限，技不如人。

其实这是一个很大的错误。因为就在你这样想的时候，想象力的种子就已经被扼杀了。

实际上，一般人能够想到的东西，全都是在别人已有思想的基础上发展而来的。所以我们不要去嘲笑它们是"模仿"或"冒牌货"，反而应该奉上敬意。

不管是多么聪明的人，他也不会简简单单地就能冒出一个主意来。就算是灵光乍现，可把这突如其来的灵感变成具体的事物也是极其困难的。而且，若一切都从零开始思考，也会消耗大把的时间和金钱。

但若是将其他公司的畅销产品拿来进行彻底研究，模仿其中好的部分，再加上自己的想法，转眼间就会得到一个"极有可能畅销"的产品。所以，重要的是如何运用头脑。

臼井式畅销商品的研发都是从模仿开始的。

首先，我会从目标行业中选择一个已经拥有很高人气的产品。

然后对其进行彻底的分析——人气高的原因在哪儿？是简便的使用方法、外观设计、颜色，还是价格？之后再加一点点改造。

比如，改变尺寸、精简功能，或起一个更容易记住的名字,等等,只要加一点点谁都能想到的改变就可以。

这就是我平日里制造产品的方式,既不费时间也不用花钱。

苦于没有点子的人,往往是对点子的概念有误解。一个点子,并不需要具有什么划时代的意义,当然更不需要是世界首创。

<u>通过借用别人的时间来有效利用自己的时间。</u>

那么,是不是什么事都可以从模仿开始呢?

当然,剽窃是绝对不可以的。不过,以别人的想法为基础,再加上自己的想法和用心,最终形成一个新的东西,这种方式完全没必要感到羞耻,反而是一种非常聪明的做法。

会高效工作的人,绝不会固执于什么事都从零做起,而是时时注意收集各种信息,遇到有用的点子就拿来借鉴。

学会"模仿"和"借用"是成为时间达人的第一步。

❹

用钱"买时间"

"时间就是金钱"。但金钱没了还能再赚回来,而时间没了就再也回不来了。所以我认为,时间比金钱更重要。

"时间就是生命"。

大家都知道,用钱是买不来生命的。那么,钱能买来时间吗?我认为,可以。

当然,时间并不会放在商店里打包卖,所以我们常说"用钱买不到时间"。但在很多情况下,通过花钱可以达到节约时间或有效利用时间的目的。这样看来,就和"用钱买时间"是一样的效果了。

比如,在工作特别忙的时候,我就会放弃电车而改乘出租车。因为在出租车上,我可以打开电脑或翻阅文件,这就有效利用了时间。而且，还可以不受噪音的影响，能够专注于背诵或计算这类需要集中精神的工作。

有时一些出租车司机也会不合时宜地跟我攀谈，这时我在告知目的地和路径后会再说一句"我想工作一会儿，拜托啦"，这样他就明白了。

另外，如果坐新干线出差，我一定会订一等车厢的座位，即使是从东京到新横滨这么短的路程也不例外。只有18分钟的车程，一等车厢座位的票价却要3510日元（约合人民币230元），还真是够奢侈的。但好处是，座位非常宽敞，在很疲劳的时候可以痛快地伸直腿舒舒服服地睡一觉。

而且，一等车厢不像其他车厢那样经常能听到孩子的哭闹声或来回走动的声音，在这里可以安静地写书稿或审阅企划书，很多时候还能冒出一些平时想不到的点子呢。所以，从这个意义上来讲，一等车厢对我来说就是一个"行走的书房"，能够使路途中的时间更有价值。

除了交通方式以外，还有很多情况可以"用钱买到时间"，比如研讨会。我只会去参加收费的研讨会，因为无论是出席人员的层次还是会场的氛围都要比免费的研讨会更好。

若随便参加了一个"没意思""没营养"的免费研讨会，结果等于是因为舍不得花钱反而浪费了时间。

所以，即使是同一讲师、同样主题的研讨会，如果可以选择的话，我也一定会选收费的那场去参加。这就等于买到了时间。

我们都很在意眼前的金钱得失，但如果通过花钱可以让工作效率更高，让时间的使用更有成效的话，那就应该毫不吝惜地把钱花出去。

花了钱就理应有所收获，我们甚至还应该去追求更多的回报。

时刻想想能否用钱买到时间。

与自己的时间价值相称的时间使用法

在说到"用钱买时间"的时候，我们最先想到的可能是，到底该花多少钱才合适？

上一节说到要时刻想一想能否用钱买到时间，但要求每个人每次都去坐头等舱或是叫专车也是不太现实的。

所以就有了下一个问题——用钱买时间的标准是什么？

其中一个标准就是，先想想"自己的时间成本是多少"，如果与之相称，就可以去"买时间"。

"时间成本"这个词我最初是在准备国家资格考试期间读的一本书中看到的。这本书的作者正是有"资格证三冠王"（律师、注册会计师、翻译）之称的黑川康正。让我来说的话，时间成本就是一个人的"小时费率"。

时间成本的计算方法非常简单：得到的报酬÷花费的时间。

打个比方来说，先看看你的月薪是多少。

假如月薪是 30 万日元的话，再计算一下时薪是多少。按一天工作 8 小时，一个月工作 20 天来算的话，时薪就是 1875 日元。这就是你的时间成本。如果再加上奖金和津贴，实际的时间成本还会更高一些。

那么，你认为这个结果如何？是不是觉得还不错？一般的临时工时薪也就是 1000 日元左右，你一小时的薪水（成本）相当于他们的两倍。如果是管理层，那时薪要将近 10000 日元了吧。

像这样把月薪换算成时薪的话，就可以对自己的"小时

第五章 思考时间不要超过15分钟

费率",也就是"时间成本"一目了然了。

了解了自己的时间成本,自然就知道到底该花多少钱去"买时间"了。

另外,知晓了"时间成本",就可以严谨地思考该如何使用时间以及如何进行与时间相称的工作。

比如说,你的时间成本是每小时3000日元。

那么,带着宿醉去上班,昏昏沉沉地度过一个小时,是花3000日元;精力充沛地用一个小时为客户拟写企划书,也是花3000日元。这么想的话,就不得不珍惜时间了。

而且,假设一个时间成本为3000日元的人花费一个小时来写企划书的话,那么这个工作最终必须要能够赚回至少3000日元。这种意识在有效利用时间的过程中是非常重要的。

我能够多次在短时间内顺利考取国家资格证,也是由于意识到了自己的时间成本。

当考虑在兼顾社长工作的同时去考取国家资格证的时候,我最初是悄悄进行准备的,因为我不想听到别人说"反正你也坚持不下去"。

但早晚会被人知道的。我都可以想象得到,到时自己的丈夫一定会说,"花时间去做那个,你知道自己拿多少工资吗?"

而如果那个时候,我无法对他说出"没关系。我知道自己的时间成本,我做的事情能值回成本"这种话,那就还不如趁早放弃这个想法呢。

正是抱着这种决心,努力地学习,我才能够在短时间内通过了考试,顺利取得了国家资格证。

了解了自己的时间成本,就能明确自己在做的每一件事是否都有意义。而且,不管做什么事情都会意识到"我在花钱呢,不能浪费时间"。

每当遇到对自己的时间成本浑然不觉的人,我都会建议他把自己的时薪换算出来看看。

如果你的时间成本是10000日元,那就请你把一张10000日元的钞票贴在手账中,每每看到就提醒自己一下吧。

若能意识到"我的一小时值10000日元",那么使用时间的方式也会自然而然地改变。

并不是说干什么都要先换算成金钱,但用时间成本这个衡量标准来评估自己的行为,可以让人更好地理解时间的性价比。

不能理解这点的人,永远都只能做个"时间穷人",无论如何努力都成不了"时间富人"。

了解了自己的时间成本,就不会再做无用功。

6

书桌未必是工作的最佳位置

"如果不在自己的办公桌前就没法工作。"

——如果这样认定的话,就无法有效地活用时间。若利用一些信息设备或小工具能在任何地方都可以工作的话,就能够有效利用碎片时间来工作。

从我的经验来讲,对于制订计划或构思新方案这类工作,很多时候就算在办公桌前踌躇很久也没有进展。遇到需要构思力或想象力的工作时,我多数时候会约个人见面聊聊,或是到外面去寻找灵感。

为了不放过这种随时出现的灵感,我随身携带小记事本或便笺,以便能够随时随地把突然冒出来的想法记下来。

但是走在路上实在不方便随时作记录,这时我就会用到录音笔,之后再把内容誊抄到记事本上。这就是我坚持了 27 年的习惯。

比如，在通勤电车中突然想到一个新产品的构思，或者受车内广告的启发，想到了一个好的商品名称。

再比如，中午在咖啡厅看到的杂志内容可以作为产品包装设计的参考。

迄今为止，我们有十几个产品都运用到了这种在办公室以外想到的点子。除此之外，还包括那些对著作构思、演讲题目有启发的想法。可以说我的构思有七成都是在办公桌以外产生的。

如果认定只能在办公桌上工作，将会损失大把的时间乃至难得的灵感。

灵感来了，何时何地都能工作。

事前助跑，提高时间密度

做任何事，事前准备都是关键。不管是工作还是会议，事前准备充足与否决定了正式开始后效率的高低。

第五章 思考时间不要超过15分钟

想要成为时间达人，就要缩短用于工作的时间。而若想提高工作效率，就必须要用心做好万全的前期准备。

我常常会接受一些电台或电视台的工作，有时会与一些搞笑艺人同台。我通过观察他们注意到一个细节。

在休息的时候，有些艺人会立刻安静下来，而有些则仍然说个不停。我在电视购物节目上遇到的大平サブロー（日本一名演员的名字）就是后者。有一次，我们一起在后台等待节目录制时，他直到上场前的最后一刻都还在跟我聊天。

明明没有摄像机在拍，为什么他还是那样一直在讲话呢？他的回答是，为了提前让情绪兴奋起来以达到节目正式录制时的水平。他说，录制前在后台不停地讲话能让他在正式录制中更有爆发力。

貌似没用的闲聊，实际上却是正式表演前的助跑。

虽然也有人能够快速进入状态，突然开始正式表演也能发挥出色的演技，但即使是资深表演艺术家也会通过开演前不停说话来保持自己的兴奋状态。明石家秋刀鱼先生也会在插播广告的时间里不停地说话。

就连如此优秀的人都会在事前认真地进行"助跑"，作为普通人的我们，若想要在工作中发挥出自己的真实水平并高效利用时间的话，就更少不了"助跑"，也就是准备工作了。

就拿召开会议来说，若是事前毫无准备，突然召集所有人来开会，这样的会议是收获不到什么有价值的成果的。因为没有准备，只能在会议过程中匆匆浏览资料，整理思绪，同时听取大家的意见，并一一回应自己看法……如此，不仅无法得出有效的结论，甚至是白白浪费时间，而且也几乎不可能"尽早结束会议"。

但若事先把会议需要讨论的资料发给大家，让与会人员在会前梳理好自己的想法，那么会议就能开得充实而高效，并获得有益的成果。

说到这个，我的朋友 A 先生为了避免会议拖沓就有他自己的一套办法。他的上司 B 部长家在外地，每周五晚上都要乘坐新干线回大阪与家人团聚。于是 A 先生经常会把会议时间定在周五傍晚。

会议由 B 部长主持。他为了能及时赶上新干线的发车时间，就会提前汇总下属的意见和建议，为会议做好准备。这样经过事先准备的会议就会进展得非常顺畅，时间上也绝不会拖延，并且肯定是一个内容非常充实的会议。

会议的时间密度由会前准备来决定。

第五章 思考时间不要超过15分钟

8

提高会议时间密度的7个技巧

"会议多。"

"会议占用时间太多导致工作延误。"

很多商务人士都有这样的抱怨,却又苦于找不到好的办法去改善这种状况。

事先分发会议资料,让大家对会议内容有所掌握,这是基本中的基本。下面我就来为大家介绍一些我用来提高会议时间密度的技巧。

① **明确目的**

个人的汇报、通知、咨询没必要召开会议。另外,有时会议上会突然冒出一些以商量为名的"抱怨"和以建议为名的"个人攻击"。这时该怎么办?如果被这些事情左右,会议就无法称之为会议了。

② 缩短预期会议时间

不需要因为会议内容多就将会议时间设定得很长。"这么短的时间能讨论完所有议题吗?"——恰恰相反,短时间内反而能够迅速得到有建设性的意见。

③ 站起来开会

会议难道不应该是坐着进行的吗?如果有条件,全体站着开会。这样不仅困难的议题能得到很多有益的解决方案,而且会议进程也会加快。这是因为只要站起来,人就会变得更积极主动。而且,由于长时间站立非常辛苦,所以大家都会去努力缩短会程。

④ 定时

在会议有可能拖延的情况下,提前给每个议题设置 15 分钟的时间。

起初,大家可能会被闹钟的声音吓一跳,但渐渐地就能够缩短讨论的时间。

⑤ "一人发言一分钟"

虽然发言的内容各异,有汇报、通知、咨询、意见、提案,等等,但若事先让所有与会成员知晓这个"一人发言一分钟"的原则，就可以避免发言跑题而浪费时间。

⑥ 事前确定发言模式

确定以"汇报结论或现状➡阐述理由或过程➡提出目标或改善方案"的模式来发言，大家就都会把注意力集中到发言上。

并且，其他与会成员也自然会用同样的模式来继续讨论，会议的时间密度自然就提高了。

⑦ 将会议时间定在周五下班前这种大家归心似箭的时候

周五下班前这个时间，已婚员工希望尽快回到家人身边，单身员工则心心念念接下来的约会或聚餐等私人聚会。大家都希望能尽早结束工作。

如果特意把会议安排在此时，会上就不会出现那些无关的话题，而能够尽快结束。

以上这 7 个技巧都是可以马上应用起来的。

如果你是会议的主持人，用上这些技巧立刻就能提高会议的时间密度。而如果你只是一个与会者，也可以做到"一人发言一分钟"以及"确定发言的模式"这两点。你若能率先并彻底做到这两点，将会带动其他人也注意到会议的进展方式，并都会有意识地逐渐提高"会议的时间密度"。

高效会议从"一人发言一分钟"开始。

9

认真琢磨更省事的方法，会使时间变更多

我除了担任企业顾问以外，同时还从事写书、演讲等各种工作。我也不知道一个人到底能同时身兼几职，但像这样同时兼顾多种工作有个秘诀——"尽力去思考轻松做事的方法"。

"轻松做事"。

"思考省事的办法"。

这样的话听上去总觉得不是很合适。特别是对日本人来说，"轻松"就意味着懒惰，让人有罪恶感。我过去也一直认为，总想着轻松做事是不好的。

但最近，我渐渐改变了看法。在有效利用时间上，考虑如何能更轻松地做事也绝不是坏事。

第五章 思考时间不要超过15分钟

一提到轻松做事，就会给人偷懒和工作质量下降的印象。确实，如果工作质量下降，那么这种方式就是不能接受的。但如果偷了懒，工作质量却没有下降，那么这就不能说是坏事。相反，还应该因为有效利用了时间而给予奖励。

在不影响工作质量的前提下轻松做事，换句话说就是，以高生产效率和巧妙的方式完成工作。

就像是——

花10分钟完成以前需要一个小时才能完成的工作。

用一倍的精力去实现之前需要10倍精力才能达成的目标。

做到这些就需要花心思和想办法。

"这项工作哪部分可以省略？有没有不必要的部分？"

"哪部分可以交给别人来做？如何委托他人才能使工作完成得干净漂亮？"

"有没有什么方法能让工作自动向前推进？"

时常自问并反思"如何做才能更轻松"，没必要内疚。而且，越是轻松就越有可能去挑战其他的工作或做新的尝试。

我自己就时刻在思考如何能够让自己承担的每一项工作变得更轻松。否则我也不可能同时兼顾这么多工作。

而且，我还想去尝试其他更多类型的工作，所以平时会更用心地思考"有没有更轻松省力的方法"。

"时间达人"会不停地思考如何能更轻松省力。

先干起来，之后干劲儿会越来越足

工作速度快的人都有一个特点，那就是不管什么事先干起来的那种勤快劲儿。工作速度慢的人则都有优柔寡断的通病。优柔寡断恰恰是"时间富人"的天敌。

这是因为，不管是什么工作，时间拖得越久就越难办。

"等到有干劲儿了再说。"

——这句话是优柔寡断的人常用的借口。他们会说，如果没有干劲儿，就算开始工作也得不到满意的结果，所以最好还是等干劲儿足了再开始。

但是，我们可不能把"干劲儿"的意思搞错了。所谓干劲儿，是一种热情，它不是等等就会出现的东西，而是需要我们主动去唤醒它。所以，不是去问干劲儿什么时候出现，而是要把干劲儿唤醒。

从人脑的构造上来看，这也是有道理的。

大脑在我们开始行动后会进入"工作兴奋"状态。当大脑进入这种状态以后，就会燃起热情，作为"司令部"的大脑前额联合区开始兴奋，于是大脑便会灵敏起来。

也就是说，从人体的工作原理上来看，也是"开始工作以后干劲儿自然就出来了"，而不是"有了干劲儿以后再干活儿"。所以，总是想"等有了干劲儿再说"，就这么一直等下去，而这个干劲儿却不知何时才会出现，这实在是对时间的一种极大浪费。

话虽如此，可能还是有些朋友不清楚到底该从什么地方开始着手。就算说"不管怎样先干起来，之后干劲儿会越来越足"，也还是不太理解吧。

对于这类朋友，我推荐下面这三个方法——白井式干劲儿唤醒法。你并不需要三种方法全都用上，其实只用其中一种方法也可以达到激起干劲儿的效果，非常值得一试。

① 利用背景音乐

当面临重大商业谈判或将要拜访重要人物的时候，无论谁都会感到紧张畏惧。这时，我会播放美国电影《洛基》中振奋人心的主题曲，或气势恢宏的古典音乐《英雄》等作为背景音乐。

而与之相反，在过度亢奋的时候，我就会听《冰上圆舞曲》或《情热大陆》（注：日本一档人物深度纪录片节目）的片尾曲《Etupirka》来让情绪平静下来。

② **利用香氛**

香味可直接刺激大脑，因此也可以说它能迅速地激起人的干劲儿。这方面我会用到各种精油。其中有能够促进肾上腺素分泌的"柠檬草精油"，有可以帮助注意力集中的"刺柏精油"，还有让人感到神清气爽的"薄荷精油"。

你可以在手帕上滴一两滴，或使用精油香薰机来香薰，都会收到不错的效果。

虽说精油香薰的效果喜人，但对香味的喜好也是因人而异。如果不喜欢就不要勉强使用，否则反而会感到不快，得不偿失。

③ **喊出给自己鼓劲儿的话**

虽然我总觉得过于夸奖自己不太好，但实际上倒是应该多多这么去做。

我每天早上都会对自己说，"今天又是美好的一天"。

站在镜子前，我会对镜子里的自己说，"你是个很能干的人"。

当遇到非常棘手的工作时,我就对自己说,"没有解决不了的困难"。

诸如此类,我会把这些鼓励自己的话挂在嘴边。

忘掉害羞和犹豫,自信起来,最后一定可以喊出:"没有我做不到的事!"

这些话只是举例,你用什么话鼓励自己都可以。找到适合你自己的话,然后用它唤起你的干劲儿吧。

干劲儿不是等来的,而是要主动去唤醒它。

"欲望"能缩短达成目标的时间

当你定下目标并决心朝着目标开始行动时,却迟迟难以开始或坚持下去。这可能是由于动力不足。

"干劲儿"本身是一种波动性很强的情绪。即使能够像我们前面说的那样,做到先干起来之后再唤起干劲儿,然而除了一部分意志非常坚定的人以外，大部分人还是很难把喊出"一定要达成目标"时的决心一直维持下去。不管那对自己来说是个多么完美的目标，结果都是一样的。

"想象自己达成目标后的状态。"

"将那种状态写下来贴在墙上。"

——为了使自己能够坚持不懈地朝目标努力，人们一直在采用各种各样的方法。但这些对于意志薄弱的人来说都是不起作用的。

而我会用一个更简单、更有效的方法，让自己能够不断地向目标迈进。具体来说，就是利用自己的"欲望"——

"如果能达到这个目标，就给自己买这个。"

"如果能实现那个目标，就去做那个。"

就是这么简单，像哄小孩儿一样。

可对于我这种贪婪的人来说，这种方式确实能够非常有效地维持动力。

当初在我研发第一件产品并设定一年以后达成销售10万件的目标时，我就用了这个方法——

"若达成了目标，我就去买一栋热海的别墅。"

不好意思，这的确是有些俗气。但利用欲望来提升做事动力的技巧就在于，越是别人看来很傻气的那种简单直接又让人心动的欲望，就越有效。

我并不是否定"为社会、为他人奉献"的理想，但如果不多考虑一点儿自己的需求，用物质性的东西来引诱自己的话，是没法持续保持干劲儿的。

直白地问问自己的内心，达成目标以后想要什么，想做什么，一定有什么是你最向往的。就用这个最让你心动的东西作为你去达成目标的燃料，给你加足马力。

再有，这个欲望不能只停留在想象中。

尽可能让它栩栩如生地展现在自己眼前，效果会更好。

上文提到了"买热海别墅"的愿望。当时，为了让自己对这个愿望更加迫切，我不单单是自己看看而已，而且还开始向别人提及。

我先是从杂志上找到别墅的照片剪下来，然后把它贴到写有目标的纸上，非常醒目。干劲儿不足的时候就看看，每次都能重燃斗志。

这确实不是什么优雅的方法。但人是一种贪婪的动物，绝不能小看用这种方式来激发动力的效果。

我这个人，欲望特别多，而意志力又特别弱。做事很随性，心情好的时候可以目不转睛地干起来，心情不好的时候又一动也不想动。

对于像我这样的人，这种"胡萝卜战术"特别简单有效。

还有其他一些臼井式激发干劲的方法。

比如，在达成目标的过程中，设置"奖励日"送给自己一些小小的礼物。这个简单的小手段也可以达到很好的效果。

在努力复习准备行政书士资格考试的时候，我从周一到周五要同时兼顾公司管理者和备考生两个身份。更糟的是，恰巧那段时间又是我公司最忙的时期。

我在精神上和肉体上都勉强坚持了一段时间。不过我意识到，如果继续这样强撑下去的话，会因为压力过大而得不到什么好的结果。

于是，"奖励日"就应运而生了。我决定每周抽出半天时间，选在周末的下午，去游游泳、跳跳舞，或看看书，总之尽情去做一些自己感兴趣的事。这就是我最初的"奖励日"。

这样一来，就算周一到周五都非常辛苦，但一想到"还有奖励日呢"，就又有了动力，可以继续努力去完成工作。我想正是得益于这样不断循环的压力释放，我才能在行政书士资格考试中一次通过。

假如当初的想法是"有空再学习"的话，学习肯定不会顺利，也一定达不到一次考过的目标。

那样的话，无疑将浪费大把时间。

再有，如果是"等考过了再休息"的话，对于意志力薄弱的我来说，肯定也是坚持不到最后的。

那些可以心无旁骛地朝目标努力前进的人另当别论。如果是我这样的人，为了能够达成某个目标，建议用一种"诱惑"来激发动力。

关键是，把这个"诱惑"作为最终大奖，然后在努力的过程中再设置一些小奖励。

不断满足小欲望的同时，在不知不觉间便获得了最终大奖。

适当地利用自己的欲望，可以使工作或学习的效率加倍。

欲望的燃料，越有诱惑力就越能烧得旺。

第六章

大脑全速运转，
时间效率倍增

适应高时间密度的自我训练术

第六章 大脑全速运转，时间效率倍增

1

不好好吃饭，工作也没法尽早完成

从技术层面到精神层面，高效利用时间去完成工作、达成目标的方法不胜枚举。而饮食也是其中很重要的一环。通过饮食调整，可以显著改善工作效率甚至是时间利用率。

我也有一个营养师资格证。饮食方式的重要性，现如今已经被大众接受并认同了，但早在20多年以前，我就已经开始提倡这种方式并加以应用了。

我认识的"工作出色的人"都无一例外地把饮食看得与工作同等重要。

而与之相反，那些总把"很忙"挂在嘴上的"大忙人"或者不会安排时间和工作的人，则经常在外就餐，吃的尽是一些没有营养的垃圾食品。

"工作做不完，所以没办法好好吃一顿饭"——从某种角度来说，这也是事实。可是，还有一个事实是：

"不好好吃饭，工作也没法尽早完成。"

我也是有经验教训的。曾经因为忙，没有时间，我就不吃饭或狼吞虎咽地快速吃完。但之后，大脑好像根本不运转，看文件记不住，谈话时也没法集中注意力，感觉心神根本不在这里。

这是由于"糖类"不足导致的。糖能使大脑顺畅运转。

糖类，是大米、小麦等谷物或土豆、红薯的主要成分淀粉，以及砂糖、果糖等的总称。关键是，糖是人体能量的最直接来源。

糖虽然是好东西，但也有人在摄取了糖分以后会变得困乏，工作时反而无法集中精神。如果是这样的话，建议在吃饭时多注意"细嚼慢咽"。午饭后来一块口香糖也是个不错的选择。

我们的牙齿根部周围覆盖着一层像垫子一样的弹性组织——牙周膜。在咀嚼的时候，牙根膜中的血管由于受到压力而收缩，收缩的血管像泵一样把血液送进大脑。据说这会使反射神经变得敏锐，从而提高我们的判断力、专注力和记忆力。

多咀嚼不仅可以对抗困倦，达到上述效果，还可以通过锻炼口周肌肉使表情丰富起来。

近来非常流行"减糖",但如果过度限制糖分的摄取,会影响大脑的运转,还让人更易疲劳。

有的人因为"早上没时间"或"没食欲",不吃饭就去工作,这样大脑得不到足够的能量,也就不可能很好地完成工作。只因舍不得好好吃顿早饭的时间,却让工作效率下降,最终导致一整天的时间密度都下降了。

除了糖类以外,我平时还非常注意身体是否缺乏维生素B1及钙这些营养素,并积极补充。

缺乏维生素B1的话,会导致摄取的糖分无法分解,不能转换成能量。不只如此,还会导致作为疲劳物质之一的乳酸堆积,使人感到焦虑和紧张,从而引起气喘或食欲不振。

胚芽、动物肝脏、花生等食物中都含有丰富的维生素B1。在工作忙碌的时候,我会在米饭中加入胚芽米,或在沙拉中加入坚果,通过各种方法积极补充维生素B1。

此外,钙可以抑制大脑或神经系统的兴奋,具有稳定情绪、提高注意力的作用。所以我也会注意钙的摄取。

这些看上去好像与工作和时间管理无关,可是通过对饮食的调整,注意糖类、维生素B1和钙的摄取,能够使大脑更活跃，注意力更集中，进而提高工作效率，能够大大有助于高效利用时间。

饮食造就人，也造就时间。

❷

均衡锻炼大脑和身体

人疲劳的时候，大脑反应变慢，工作效率下降，时间密度也会降低。这时，如果条件允许的话，你是不是会先停下来休息，等重新振作精神以后再接着大干一场呢？可你是不是有时即使觉得"今天已经很累了"，决定去"上床睡觉"，可却不知怎么就是睡不着？

我在这里特别要向白领阶层的脑力工作者们建议，当你觉得已经用脑过度了，不妨运动一下你的身体。运动不仅可以起到转换心情、调节情绪的作用，最主要的是能让大脑和身体达到"疲劳平衡"。

比如在研究经营策略或思考产品企划的时候，身体一动不动，只是大脑在高速运转，疲劳感也只集中在大脑。

这种时候，你就算想"今天就到这儿吧，等明天早上头脑清醒了再继续研究"，可却依然很清醒无法入睡，即使到了第二天早上脑袋还是懵的。这是因为，和大脑相比，身体完全没有疲劳感，无法顺利进入睡眠模式。

因此，我会在这种时候去痛快地运动一番，使大脑和身体达到"疲劳平衡"。跳入泳池中充分活动身体以后的疲劳感不仅能让人进入熟睡状态，还可以达到"疲劳平衡"。

但这并不是要等用完脑子以后再去活动身体，而应该像一边散步一边构思新产品这样，让大脑和身体同时动起来。和坐在办公桌前冥思苦想相比，到外面去一边走路一边思考能够获得更多的灵感。

从京都的东山、若王子神社到银阁寺有一条水边小路，被称作"哲学之路"。它因原京都大学哲学家西田几多郎教授在思考学术问题时经常来到这条小路上散步而得名。散步的时候能产生更多的灵感，不只是因为大脑此时更清醒，还因为在散步时足底也受到了适当的刺激。

被称为医学之父的古希腊医师希波克拉底当时就曾告诉人们，"行走能让大脑清醒"。而在现代脑生理学中对此也已有定论，即当人在走路时，大脑受到刺激，可以激活大脑机能。

我们可以一边走路一边与人讲话。说起这点，我非常尊敬的一位实业家同时也是"早稻田大学演讲会"的创办者成川丰彦先生就有这样一段让我记忆犹新的轶事。

成川先生在时间管理上非常严格，他会规定会议在60分钟内结束，超时就切断电源；还在洗手间里贴上"×分钟以内"的纸条。

有一次我到成川先生的办公室去拜访他，闲聊中不知谁提了一句"你好像胖了"，我们便发觉自己确实有点儿缺乏运动。

于是，成川先生提出了一个建议："我们稍微活动一下身体吧。"

然后，原本在室内进行的商谈就移到了室外，变成边走边谈了。而且，我们并不是慢慢地散步，而是已接近竞走的速度了。

成川先生当时对我说，"若不是你臼井女士的话，我这个想法也肯定行不通"。我想他也不会跟谁都这样提议，但我觉得这的确是个非常合理的建议。不用说，我们当时的话题也进展得非常顺利，并且之后我还受邀成为早稻田大学演讲会的顾问。

此外，除了散步，在工作间歇伸个懒腰或做做简单的体操，也可以达到平衡大脑与身体的效果。我还会一边听着音乐一边跳起"即兴舞蹈"，随意地活动身体，或做一些伸展运动。

　　活动身体并不一定要专门去做一项运动或是到健身房去让自己汗流浃背。在平日里，尽量不坐电梯而多爬楼梯，经常按一按脚底或手掌上的穴位，这些都是可以的。

　　当精神集中地工作或思考一段时间之后，也应该适当地活动一下身体。积极地让身体动起来，这样不仅可以提高大脑的反应速度，还能够平衡身心，让你远离压力和委顿，能够更有效地工作。

　　而且，适当的疲劳感还能够帮助我们提高睡眠质量，有益健康。

　　经常保持大脑和身体的平衡。

每天保持状态良好的睡眠术

　　熬夜工作，在有工作必须要完成的情况下，这也是没有办法的办法。但这绝不是值得鼓励的所谓"勤奋"。因为睡眠不足必定会使大脑迟钝，让人无法出色而高效地完成工作，最终导致工作效率下降。

削减睡眠时间，相当于从高利贷借钱。

因为就算你当时可以熬得住，过后也会尝到更多的苦头。所以，虽说有时在紧急的情况下实在没办法，只能熬夜工作，但我还是希望大家尽量不要这么做。

我在边工作边准备资格考试的时候，也尽量保证一天有6个小时的睡眠时间。虽然对我而言6个小时就够了，但具体也要因人而异，有的人可能就需要8个小时。不管是几个小时，一定要保持规律。

但是看看我周围的那些工作出色的人就会发现，他们的睡眠时间一般都很少，几乎没有像我一样一天睡6个小时的，有些人每天甚至只睡4个小时。

你要问他们只睡4个小时就够了吗？答案绝对是否定的。

因为，晚上睡眠时间很少的大忙人们，都一定会用"某种方式"去弥补睡眠时间的不足。

那种方式就是——午睡。

他们肯定知道，睡眠不足会影响白天的工作效率。所以，他们会在午休时小睡15分钟，或趴在桌子上睡，或在咖啡馆打个瞌睡。只需要15分钟的午睡就可以大大缓解疲劳。

另外，睡眠也并不是时间越长越好。同时，"睡眠质量"跟睡眠时间同等重要，应该好好注意一下。提高睡眠质量的方法就尤为重要了，也就是，"如何获得婴儿般的深度睡眠"。

一挨枕头就能睡着的人，即使睡的时间不长也能一扫疲劳。而很难入睡的人起床之后仍会感觉疲惫，身体倦怠，精神萎靡不振，提不起工作或学习的动力。而且，有时你越想睡着就越是睡不着。

入睡困难有很多原因，其中商务人士多见的是，在睡前忽然想起一件令人不快的事情，然后便一发不可收拾，脑子里不停地想那件事。

如果总想着这种事情就一直无法放松入睡，即使最后睡着了，睡眠质量也不高。

很多人在该睡觉的时候会说，"我睡不着"，然后索性看起电脑或手机，这样反而使神经更兴奋，就更加难以入睡。

所以，上床后就要把那些令人不快的想法都赶走。

然后只留一些美好的画面在脑子里。

比如，这天你被客户投诉了，一整天都在苦心、焦虑地安抚客户。

晚上躺在床上你还一直闷闷不乐地想，"真是太糟了，看来我还是不懂得如何与客户打交道啊"，这样就会一直睡不着，浪费了大好的睡眠时间。

但如果试着用下面这种积极的方式对待又会如何？

——"收到投诉是我改进服务的机会，今天我又进步了"。

睡前在脑海中想象积极的画面能够产生阿尔法波。而阿尔法波能给潜意识带来积极影响，提高睡眠质量。

睡眠，不仅可以缓解身体疲劳，还能舒缓紧张压力，使大脑能够对知识和记忆进行整理。而如果睡眠不足的话，不只是身心的疲劳难以消解，还会使大脑变得迟钝，降低工作效率。

因此，上床以后就只想那些美好的事情吧。

提高占生命 1/3 的睡眠时间的时间价值。

调整作息与饮食，预防身心老化

虽已是花甲之年，我的体检结果却仍然优秀。

不但没有老花眼的征兆，连老年人常见的膝盖疼、腰疼也没有。

第六章 大脑全速运转，时间效率倍增

如果我说，我从来没住过院，也没有明显的色斑或皱纹，你肯定会以为我有什么特别的保养方法吧。而实际上，我并没用什么特别的方法。

硬要说的话，我想这可能和我一直保持着**"19点就寝，凌晨2点起床"** 的7小时睡眠习惯与**"午餐为主，不吃晚餐"** 的饮食习惯有关。

不过，这些只是适合我的方法，并不一定也适合你们每一个人，仅供大家参考。

一听"19点就寝，凌晨2点起床"，肯定有人会想"好奇怪啊"。但其实在太阳西沉的时候上床睡觉是一种顺应自然规律的睡眠模式。

这时睡觉不会给身体带来任何压力，对我来说是最棒的睡眠时间。

我睡前会先关掉手机，切断信息来源；再关上灯，拉上遮光窗帘，制造一个适合睡眠的环境；这样上床之后就能很快入睡，并且能一觉睡7个小时，然后在凌晨2点自然醒来。

凌晨2点钟，有的人还没有睡下，而我已经起床了。我的一天比任何人都开始得更早，自然我也就掌握住了时间的主导权。这种感觉非常好，就好像掌握了全世界一样。带着这种愉悦的心情，我会先做一会儿伸展运动，让身体充满能量，然后开启新的一天。

这个时间大多数人还在睡梦中，工作的齿轮还没有开始运转起来。而我的工作已经开始了，查收邮件，撰写书稿，整理文件，写企划案，等等。到了早上7点，吃上一点儿"自制酸奶和蜂蜜坚果"后继续工作。中午11点之前，我就已经把这一天该做的工作全部完成了。

这种方式能给身心带来舒适感和成就感，也必然会有益健康。

这时"距就寝还有足足8个小时"，可以去做各种各样自己想做的事！

完成一天的工作以后，我会出去活动活动身体。带着爱犬到海边散步，在防波堤上海钓，或是带上便当到附近去郊游。

我还会自制一些发酵食品，像醋腌卷心菜、乳酸菌饮料、酸奶或米糠酱菜，以及预防感冒或咽喉不适的"萝卜糖"（蜂蜜腌萝卜），有时也会把海钓收获的竹荚鱼或沙丁鱼制成鱼干。这些自制健康食品也让我的饮食生活变得更加丰富多彩。

然后，在下午2点时，我会好好吃一顿丰盛的午餐。

这份午餐菜单通常是"糙米饭、材料丰富的酱汤、凉拌青菜、醋拌凉菜、米糠酱菜、烤鱼或炖鱼"。

第六章 大脑全速运转,时间效率倍增

"根茎类蔬菜"要带皮切成大块,而西兰花或菜花则连同叶子一起烹调。鱼要买整条的,烹调时连鱼骨、鱼皮,甚至鱼头这些"杂碎"部位也不要浪费。

糙米饭和大块的带皮蔬菜是为了能吃一口咀嚼 30 下。

咀嚼时的腭部运动可以刺激大脑,促进消化吸收,让我们在享受美味的同时也能充分汲取其中的营养成分。

同时,自制的发酵食品可以激活肠道功能,对健康也非常有益。

这种饮食习惯我坚持了 30 年。可能就是得益于咀嚼的效果吧,我现在的记忆力和注意力比自己 20 多岁的时候还要敏锐。由于肠道健康,我的皮肤也从来不长疙瘩或色斑。可以骄傲地说,我的皮肤年龄相当于 30 岁。

吃了如此丰盛的一顿午餐之后,我晚上就不想再吃东西了。而且身体也不需要更多的营养了,所以我不吃晚饭。

这种饮食习惯使我轻轻松松降低了体重和体脂,血压和血糖也都保持在正常范围。更不可思议的是,虽然长时间对着电脑写作,但我没有一点老花眼或近视眼的症状。

当然,大家有各自的工作和生活习惯,不可能都照搬我这种生活方式。

但我们可以多在其他细节上花些心思。比如,让睡眠顺应

自然，在饮食上注意多咀嚼和多吃发酵食品，摒弃晚饭必须吃饱吃好的固有观念，等等。

通过饮食和睡眠的调整，预防身心老化。

"凌晨 2 点起床"，紧握时间主导权

上文提到，我每天凌晨 2 点起床。

理由之一是，可以掌握住时间主导权，让人有种能够支配全世界的愉悦感。乘着这种势头，所有的工作都会进展得很顺利。

凌晨 2 点，不会有人来拜访；而且早上 9 点之前公司都还没上班，也就不会有咨询电话打扰，可以在完全安静的环境中专注于工作。

当大多数公司开门营业的时候，我已经把这一天要做的工作完成大半了。

在安静的时候处理工作。

——这是我工作的宗旨,可以高效而积极地推进工作。

如果是在白天进行写作,我就总会被电话、快递、邮件或是隔壁传来的声响打扰而分散注意力,写一个 2000 字的专栏可能要花两个小时。

但如果是在凌晨 2 点开始写作,同样的专栏我只需要 30 分钟就能完成。

只需要四分之一的时间就能把事情做完,那么我就可以利用剩下的时间去做一些日常的事情。比如看书或做饭,并在这个过程中把突然闪现的灵感或精彩的辞藻或句子随时记下来。

这样不仅可以有效地把时间利用起来,还能转换心情,为接下来的工作调整好状态。

不过我在 34 岁之前也一直是凌晨 2 点睡觉,早上 7 点就起床的。

那时的我是和现在完全相反的"深夜一族",睡眠时间也只有 5 个小时,经常会感到疲惫不堪、四肢无力。

现在回过头想想,当时那种生活方式不仅使身心都超越了极限,而且很多时候都是处在"盲目"工作的"灰色状态"——好像是在认真工作,可却不知道该如何合理地利用时间。

不过多亏了当时社会形势好，即使我是这种不佳的状态也还做出了一些成绩。

但是，侥幸毕竟是有限的。

面部神经痛、神经性脱发、肩周炎、腰疼、紧张焦虑等这些莫名的症状一个接一个地出现。

我开始意识到，如果这样下去的话，可能就连自己公司的经营都要维持不下去了。

于是我才开始改变生活习惯，渐渐从"深夜一族"转变为"清晨一族"。

刚开始时，是 21 点睡觉，凌晨 4 点起床。

但当时我只关注于改变睡觉和起床的时间，并没有注意环境的调整。晚上手机响个不停，让我根本无法入睡。

而且，凌晨 4 点，四周已经亮起了灯并逐渐嘈杂起来，我起床以后根本找不到那种掌控时间的感觉。

在这个意义上，并没有实现早起的目的。

于是，我再次把睡觉时间提前，最后形成了现在这种凌晨 2 点起床的习惯。

凌晨 2 点起床的话，即使是在夏天，距离周围明亮起来也还有 2 个小时的时间。

至少能有 2 个小时的安静时间来专注地处理工作。

这 2 个小时对我来说就是"黄金时间"。

有很多类似"成功人士都早起"或"早上工作的人会成功"的说法。从概率来看,好像也确实如此。不过——

你早起是想达到什么目的?
你早起以后要去做些什么?

如果没有自己明确的目标,早起就会沦为形式。
大家一定要找到最适合自己的睡眠模式。

在"黄金时间"里处理工作。

不要改变已习惯的起床时间

即使确定了睡眠模式,有时候也很难如愿。

很多时候需要在晚上宴请客户或聚餐,还有一些私人聚会或兴趣爱好也会占用晚上的时间。

就算半开玩笑地跟大家说,"抱歉,我晚上7点要睡觉",你也不可能就这么直接起身回家。那该怎么办呢?

"睡眠模式被打乱后，分数次补上"即可？

假如你是"19 点睡觉，2 点起床"的睡眠模式，那么即使晚上由于工作或应酬拖到 23 点才睡觉，也仍然要在凌晨 2 点起床。

不要轻易改变已成习惯的起床时间。

紧握住只有清晨早起才能获得的时间主导权，并将那种掌控世界的愉悦感慢慢累积，人就会愈加坚定。

能够这样坚持下去的话，一定可以提升专注力和爆发力。因此，不受其他因素的影响，坚持既定"起床时间"，才是明智之举。

但若睡眠不足，起床后还是会感到非常困乏。

这样的话，建议商务人士利用午餐时间稍事休息。

比如，找个安静的咖啡馆或 KTV 包厢简单用些午餐，再利用剩下的时间小睡一会儿。如果外出办事时突然困意来袭，我就会采取这种方法午休一下。

如果你是自由职业者或个体经营者，在完成一项工作以后可以设定一个 15 分钟或 30 分钟的闹钟，去小睡一会儿。

仅仅是闭目养神也可以，一定要中间休息一下。

然而，这只能暂时缓解疲劳，并不能补充缺少的睡眠时间。

也就是说，当你习惯了 7 个小时睡眠却只睡了 4 个小时，那缺少的 3 个小时睡眠并不能通过多次小睡而补回来。

那样的话，工作的时间就没有了。而且即使是自由职业者也会给周围人以懒惰的印象。

即使由于你的地位不会被别人说三道四，也一定会被认为在怠工偷懒。

理解了这一点，在睡眠模式被打乱后，就可以试着灵活地去补觉，分几次进行小憩和休息。

仅仅是闭目养神也好。中场休息一下。

一大早就全速冲刺的方法

不管做什么事都要"立刻行动起来"，这是有效活用时间的基本原则。因为拖得越久，就越难以着手，效率也会越来越低。

可有时候就是怎么也动不起来,特别是在早上。

很多人会有"没睡好""早上血压低不舒服"等情况。其实,我曾经也最怵早上。

不过那都是过去的事,现在不一样了。现在,一到起床的时间,我就能立刻清醒过来,而且也并不觉得起床以后马上开始工作会很辛苦。因此,我可以一早就以清醒的头脑麻利地投入工作。

曾经最怕早上的我是如何转变的呢?答案就在这三个关键词里:"巧克力豆奶""无尽的歌""摇摆起来"。

这都是什么意思啊?让我一个一个来解释给你听。

① 巧克力豆奶

胃在夜晚睡眠中已经排空。也就是说,早上醒来的时候,身体和大脑都处于营养不足的状态。如果这个时候不吃早餐,大脑就很难运转起来。

但有时实在是没有时间或没有食欲。在这种时候,我推荐"巧克力豆奶"。

豆奶的主要原料——大豆中富含卵磷脂,它可以激活大脑和神经系统,强化记忆力和注意力。巧克力中含有大量促进苯基乙胺分泌的可可多酚,而苯基乙胺可以使人情绪高涨,激发动力。

喝下混合了这两种成分的巧克力豆奶，不只能让你一早起来就头脑清醒，还能让你从清晨开始就活力满满、干劲十足。

② 无尽的歌

有些时候，人早上醒来还是会感觉非常疲惫。这时，听些音乐来让自己的身心逐渐清爽起来吧。闹钟叫早往往让人不情不愿，何不换一种更舒适的叫早方式？我平时喜欢一早起来就听柚子乐队的《无尽的歌》来让自己清醒。

③ 摇摆起来

我在前面讲过，让大脑和身体的状态保持平衡非常重要。早上，若想让昏昏沉沉的大脑清醒过来，就要试着先去激活身体。

如果早上起来觉得脑袋昏昏沉沉的，我就会一边播放像《洛基》（美国漫威公司的电视剧）插曲那种振奋人心的音乐，一边随意摆动身体活动一下。以大概10分钟左右身体微微出汗为宜。

伸伸手臂扭扭腰，或是做几个蹲起动作，任何方式都可以。关键是这样活动一下身体可以加速全身的血液循环，使大脑运转起来。在运动过后，我会再去冲个热水澡。

这样一来，你从清早开始就能够获得清醒的大脑和清爽的身体。

只要做到了这三点,就能一改早上起来没干劲的状态。

对于早上状态差的朋友,我建议你先按照这三点来试行一周。能坚持下来的话,你也能清早起来就全速出发。

时间管理从起床开始做起!

萎靡不振是"时间富人"的天敌

不论是谁,都不是总能够保持同样的工作状态的。状态是好是坏因人而异,但都有个"状态波动"。状态变差的时候,他的工作效率也会下降。

状态好的时候,大脑运转速度快,工作节奏也快。可一旦状态不佳,头脑不清醒,不管做什么都没效率。而越是这样,情绪就越急躁,越会错误百出,使得工作效率一落千丈。

情绪低落,萎靡不振。一旦陷入这种"不佳状态"中,工作效率就会下降。所以,如果想成为"时间富人",你就必须要了解一些能够快速改善自己精神状态的方法。

我在这里教大家三个精神复苏的方法。

① 从形式上积极起来

我们经常听说某人因为某件事情的失败而一蹶不振。

但是,失败本身并不是什么羞耻的事情,失败之后如何处理才是问题的关键。

"感觉我做什么都不会成功。"一旦失败,有些人就会不自觉地产生这种消极的念头,或者将责任归咎于他人,或对自己的能力持悲观态度。这无异于亲手将已有的失败结果进一步扩大了。

如果一个人失败了却不从失败的阴影中走出来,而是继续自暴自弃,那么他就将一路失败下去,不会再被机遇所眷顾。

为了不陷入失败的恶性循环中,即便是勉强也要尽力用积极的方式去思考,这是非常重要的。若能做到像这样首先在形式上积极地去面对,那么实际行动也将会跟着变得积极起来。

比如,在说话方式上也需要注意。

不要说"不行",要说"没关系"。
不是"办不到",而是"一定会有办法"。

人的情绪会因说话方式的不同而变得或明朗或灰暗。语言具有可以影响人生的巨大力量。所以,如果先从语言上变积极，就可以让精神状态也变得更积极。

另外，从同样的角度来看，有种方式也可以改变精神状态。这个方法就是微笑。笑，是一种自然流露的行为，但若加以练习，也可以借此达到一定的目的。

我曾借助一次性筷子在镜子前练习微笑，拿走筷子仍然可以展露同样的笑容就可以了。如果能通过这种方式在脸上"打造"出一个笑容，那么你的内心也会神奇地开朗起来。

如果你面带笑容并使用积极肯定的语言，周围人的反应也一定会发生变化。

"臼井女士，你的状态真好。"

"你真有活力。"

——大家都会这样对我说。于是最初勉强挤出来的笑容渐渐变得自然真实起来。大家也开始觉得你是一个"走运"的人，然后你的周围也会逐渐聚集起很多"幸运"的人。这时，你就已经摆脱了最初的委顿。

② **从眼前最有信心的事情做起**

在工作上连连失败而陷入一蹶不振的时候，需要谨慎选择去做"高进攻性的工作"或"重大工作"。跟那些困难工作相比，若先从一些不用费多少功夫就能完成的简单工作、手边项目里的一些能够切实完成的部分或有信心的部分开始着手的话，能更有效地使人从失败的阴影中恢复过来。

对从事销售工作的人来说，比起棘手的客户，最好还是先去拜访一些对你友善的客户，去开拓新市场不如先维护现有客户；如果是从事产品企划工作的人，与其去写一个新产品的企划书，不如先整理一下以往的企划书。

做一些能切实完成的事情，可以让人感到"我能胜任"。小小的"胜任"不断累积，会渐渐消除不安感，使人重拾自信。工作一件接一件地完成，也会使人的心情渐渐开朗起来，对接下来的工作充满热情，进展也会越来越顺利。

③ 由他人带来的伤害，通过他人的帮助来治愈

当我们遇到由于别人的原因而使自己陷入低迷的情况时，想要重整旗鼓是非常难的。由自己的工作失误导致的意志消沉可以通过转换情绪来解决，可如果原因在别人，通常的做法就不起作用了。

如果在陷入低迷的时候能够得到他人的鼓励，就能够有效地转换情绪。

我之前也曾有过那种惨痛的经历，工作上的人际关系曾多次恶化。

大多都是和认识很久的熟人或是我丈夫在任时的甲方客户之间的关系恶化。由于我不喜欢那些"老规矩"或套路，就

任社长后，我曾多次想就此重新设定，可每到此时就会和对方产生摩擦。在进行正常的价格谈判及报价时，对方总会说"上一任社长可不是这样说的"。

甚至有的人还会在行业圈子中散布谣言，说我"经营不善""快倒闭了"。那时有一家城市银行刚刚倒闭，有个听信了谣言的甲方客户甚至直接对我说"请在公司倒闭前尽快交货"。

我就不得不向大家一一解释，为此花费了大量的时间和精力，但与这些相比，精神上是最痛苦的。我感到总是在被人拖后腿，非常受打击。

但我是个企业经营者，不能因此而消沉。

那时，我联系了一些能够理解自己的人，特别是与当时电子商务界的一些年轻的新锐企业家进行了频繁的交流。

他们告诉我：

"淘汰高价卖家是很正常的。"

"我支持你。"

通过与他们的沟通交流，我迅速恢复过来，直到现在仍然对此感怀于心。

由于他人的原因导致的消沉，最好也通过他人来帮自己治愈。

切换情绪，增加有意义的时间。

第七章

善用时间的小窍门

那些工作快手常用的"制造"时间的小习惯

第七章 善用时间的小窍门

1.

为什么一戴上手表就成了"时间富人"

我们的手机里有时钟功能,所以现在很多商务人士都不带手表了。不过我建议,如果想成为"时间富人"的话,最好还是戴上手表。因为这个小小的举动能产生非常不一样的效果。

戴手表和成为"时间富人"有关系呢?

因为手表可以让人拥有时间感。

只有当你需要知道现在几点了的时候才会去看时间——用手机的话,每次确认时间都要从皮包或口袋里把手机掏出来,太麻烦了。而如果戴着手表,你只需要移动一下手腕和视线就可以了,看多少次都不会觉得麻烦。

也就是说,虽然手表和手机都可以确认时间,但与后者相比,使用前者显然能够让人有更多去"感触时间"的机会。

而感触时间的机会越多，我们的某种感觉就会变得越发敏锐。

你自身的时间感会变得敏锐起来。

生物钟会更准确。

这正是成为"时间富人"所不可或缺的感觉。

拿我来说吧，一般我会以 30 分钟或 1 个小时为单位来工作。如果我自身有比较准确的时间感的话，就不用总特意去看表，自然而然地就知道工作的进展状况——"该干正事儿了""现在让我们来看看这项工作的情况吧"。

在准备宅建士资格考试的时候，我是用真正考试的时间标准来要求自己的——

"回答一个问题用 3 分钟。"

"检查用 1 分钟。"

最后我的身体也拥有了如此细微的时间感。这样我就不用总去在意时钟，而能够把注意力全部集中到眼前的题目上来。不用说，最后我当然不会因为时间分配不当而造成交卷前慌乱失措的窘态。

经常迟到或超时是因为时间感不准确。

"走这么远大概需要这么长时间。"

第七章 善用时间的小窍门

"有这么多时间的话应该可以把工作做完。"

人们无论做什么事都喜欢参考一下时间。可如果自身的时间感不准确，那么这种参考也就失去了意义，还会造成迟到或超过期限。

所以我们要让自己的时间感变精确。为此，就要经常去看时间，也就需要戴手表。

机械式的手表比电子手表好。虽然电子手表更便于了解时刻，但却不利于我们感知时间。

我们看表时，不只是为了看当时的时刻。比如，你在1个小时之后有个约会，而手边的工作大概还需要10分钟，这时你看表除了要知道时刻以外，还想要了解的是时间的多少。

对此，电子手表无法立刻给你答案。因为你必须先在脑海里计算一下才能得出结论。而如果是机械式的手表就不一样了，通过表盘上长针和短针的运动所呈现出的图形，你能够立即看出时间的量。

不论何事，利用图形可以让大脑立刻做出反应。

不过，在我特别需要了解当前时间的时候，我会戴上那块精工牌的无线电波手表。因为无线电波表绝对不会搞错时间。

我如此重视无线电波手表还有一个原因。也许并不科学，但一戴上这块手表我就会感到特别安心，就好像我自己的生物钟也被校准了似的（我也问过好几位朋友，让人意外的是大多数人也和我有同感）。

推荐便于掌握时间量的机械式手表。

用模式化去除"犹豫时间"

中午去一家餐厅吃饭，下班后顺便去趟咖啡馆。在这些无意的行为中也隐藏着对时间的浪费。

吃那个还是吃这个呢？经过好一番犹豫之后，最终点了和同伴一样的套餐；每次都是喝咖啡，这次想换其他的饮品试试，可是看来看去最后还是要了咖啡。这些事你肯定也干过吧？如果是在悠闲的周末倒也还好，但若是在工作日的午餐或商务晚餐点菜时犹豫不决，就会造成时间损失。

我绝不会在中午吃什么的问题上犹豫不决。因为对于什么时候吃以及吃什么的问题，我从来都不是很在意，所以干脆将它模式化了。当社长那会儿，我每周一、三、五吃糙米套餐外

第七章 善用时间的小窍门

卖，周二、周四则是自己带便当，到了周日我会去一家心仪的餐厅吃一顿稍稍奢侈些的午餐。

不管是在工作上、人际交往中，还是在个人生活上，我都尽量将行为"模式化"。比如，早上从起床到开始工作这段时间的安排都是以分钟为单位计算的。

在着装方面，如果是去演讲的话，我就穿藏蓝色或浅粉色的套装；去做企业顾问工作就选择茶色或黑色的衣服。而如果你是一位男性，只需把领带和衬衫的选择模式化，就可以大大节省早上出门前的准备时间。

在邮件的署名方式上，我将对方分成了"初次见面的人""认识的人"和"老友"三类，将署名模式化。

这种模式化的做法可以在很多场景中省去没有意义的"犹豫时间"，加快进程。所以希望大家在生活中遇到可以模式化的地方一定要多多去尝试。只是，如果每一天都严格按照计划"一成不变"的话，可能会让你自己和周围的人觉得千篇一律，太死板了。

> 把头脑和时间用在要紧的事情上，
> 其他事情"模式化"即可。

3

时间达人的桌面更有规律

我能想到的最浪费时间的事,就是找东西。

花费时间在找东西上实在毫无意义。况且,要用的东西怎么也找不到,还会使人焦虑,对情绪也没有好处。在这种心情下找东西,经常会在不知不觉之中就过了1个小时。而在这1个小时里没有做任何有意义的事,等于说时间密度接近于零。

而且,要是在平时你可能很快就能进入工作状态,但在找不到东西的焦虑状态下,工作也无法集中精神,很可能会进一步影响你的时间效率。

所以,为了能更好地利用时间,一定要消灭"找东西"这个时间大敌。并且,为了不用找东西,最根本的方法就是平时做好收拾、整理工作。这是非常重要的。

但要注意的是,不要过于热衷于整理。那样又容易走向另

第七章 善用时间的小窍门

一个极端——在"认认真真地整理""收拾得整整齐齐"上耗费太多时间。那样就本末倒置了。

东西用过以后放回原处。

不会整理的人可以先试着从这条做起。

另外，对于大多数时间都在处理案头工作的人来说，只要在桌面物品摆放方式上稍加用心的话，就能大大减少时间的浪费。

比如说，将经常使用的文具、电话、票据等放在触手可及的地方，可以节省翻找的时间。考虑到这些动作会被数千次的重复，在这上面节省下来的时间也是相当可观的。

我平时把电话摆在左侧，而笔和记事本则放在右侧。这样摆放的好处就是，当电话响起时，可以用左手去接电话，同时右手握着笔翻开记事本，非常方便顺手。

再有，一些资料或工作相关的文件，也可以按照使用频率由高到低的顺序，在伸手可及的范围内从右往左排列。这样就不用每次都在找东西上无谓地耗费时间，而能够更有效率地进行工作。

另外，有些人在处理事务性工作时会频繁地查收邮件或打电话确认。这样不仅非常花费时间，而且还会打断思路，使时间效率大幅降低。

因此，我会在一个固定的时间段里去专门查收邮件或打电话。

谨记：不整洁的桌面是"时间穷人"的专利。

4.

推荐使用"碎片时间目录"

手上的工作提前完成了，客人提前离开了。

在这种时候，我们就会突然多出5分钟或10分钟的碎片时间。虽然大家都说，如何有效利用这些碎片时间正是"时间富人"和"时间穷人"的区别所在，但令人意外的是，大部分人都没能很好地利用这些碎片时间。

这是为什么呢？原因其实很简单——

他们不知道这5分钟、10分钟能做些什么，或者应该做些什么。

突然多出了5分钟、10分钟的时间，可却不知道该做什

第七章 善用时间的小窍门

么好,而且由于没做准备,也确实是什么也做不了。这是当然的了。

假设现在突然空出了 10 分钟的时间,你知道不能浪费时间,于是经过一番思考后决定去和刚进公司的新人聊聊。但刚刚开始,时间就已经用得差不多了,最后谈话只好没头没尾地结束了。

这样可不能算是有效利用碎片时间。虽说你利用这 10 分钟进行了谈话,可最终并没有收到什么成效,这 10 分钟的时间密度是非常低的。

为了防止这种情况发生,我一般会事先把在碎片时间里可以做的事项列出来。也就是"碎片时间目录"。按照时间的长短,分别想好自己可以做些什么,应该做些什么。这样一来,即使在最后时刻也能把突然多出来的有限时间有效地利用起来。举例来说,我的碎片时间目录是这样的:

5 分钟

- **查收邮件或电话跟进**

我一天只查收两次邮件,分别在刚上班时和下班前。如果多了 5 分钟碎片时间,我就会再去确认一下是否收到了紧急邮件。如果需要回复,5 分钟肯定是不够去组织语言写回复邮件的,这时我会直接打电话。

另外，我还会将这5分钟的碎片时间用来给许久没有联系的客户或朋友打电话。如果是这种情况，我会再用手机设置一个5分钟的定时以确保电话不至于拖延太久。

- **琢磨广告词或产品名称**

把想到的关键词记下来，并且一定要在旁边标注日期和时间。这样做是为了以后再看的时候，让自己能更容易回想起当初是在何种状况下想到的。

- **销售场景的演练**

在面对客户之前，先把该用什么样的方式切入话题以及对方会提出怎样的问题设想好，并实际练习一下。

在真正拜访客户开展营销工作时，最初的3分钟很大程度上决定了最终的成败。要想从一开始就能给对方留下一个好印象并被接受，就要多多练习如何问好、如何说话等，力争一开口就能抓住对方。对于我这个容易怯场的人来说，这是一个非常有意义的利用碎片时间的方式。

- **查找报纸或杂志中有关新产品和最新流行趋势的信息**

把报纸认真看一遍我大概需要30分钟。但若是有重点地去看，只要5分钟左右就能够获得有用的信息。

具体就我的工作而言，我需要具备产品开发及广告的相关

第七章 善用时间的小窍门

知识，所以就需要对当下的流行趋势有所掌握。看报纸或杂志的时候，我会重点去关注那些有关新产品和最新的流行趋势的信息。看到特别感兴趣的内容我还会直接把它剪下来，写上日期和时间后留存起来。

10 分钟

- 写感谢信或问候信

用一笔笺写信的话，10 分钟大概能写 3 张。我平时也会用电脑来写文章，但如果是写给初次见面的人的信、给上级或长辈的感谢信、生日问候信这些内容，我还是会用亲笔信的方式。这样做可以给人一种特别的感觉，对方收到信也一定会非常欣喜。

- 做操、伸展运动

工作中如果有 10 分钟的空闲，可以用来简单地做做操，既舒活了筋骨又可以借此转换一下情绪。一直对着电脑制作文件，眼睛和手一刻都不得闲，时间长了注意力就会涣散。在一动不动地工作 2 个小时后，我会先停下来，做 10 分钟体操后再继续。

- 练习英语会话，查找不认识的单词

有 10 分钟时间的话，我还会去练习英语会话，或查一查平时注意到的不认识的单词。虽说最好能有专门的学习时间，但也可以在忙碌的间隙里利用碎片时间来学习，重要的是养成学习的习惯。

了解自己"有几分钟我能做什么"，
是有效活用碎片时间的关键。

不要过度活用"碎片时间"

"如果能有效活用碎片时间，就能更高效地工作。"

这条"不二法则"广泛出现在很多阐述时间管理方法论的书籍中。我也在前面建议大家要列出"碎片时间目录"，活用5分钟、10分钟的碎片时间。

如果能把浪费掉的碎片时间都利用起来，那么在个人技能和职业发展上都会大不相同——很多人都是这么认为的吧。

但是，真是如此吗？

让我们把"必须好好利用碎片时间"这条法则应用到公

司中去试试。

假设如果做不到这条就不能晋升加薪，甚至还有可能会被解雇的话……

那可能所有人都会备感压力，拼命去找可以在碎片时间做的事。

但在职场中，这类短时间的工作并没有那么多。

结果，大家找到了一些没有必要做的工作，甚至为了不违背"碎片时间"的法则而制造出一些没有意义的工作。

在考取宅建士和行政书士资格时，我就是通过利用很多的碎片时间来学习从而达成了目标。所以我非常明白碎片时间的重要性。

但从另一方面来看，在当下"利用碎片时间"的大潮中，我也察觉到了一丝危险的意味。

人们在自己无意识的状态下，把"制造碎片时间来活用"当成了目的。我有时候也会有这种感觉。

为什么自己意识不到呢？

拿我自己来说，如果我利用碎片时间去做了些事情，就可以远离浪费时间的罪恶感；因为如果能把碎片时间全都利用起来，会觉得自己棒棒哒。

当内心强烈意识到"绝对不可以浪费碎片时间"，就会让人为了逃避罪恶感，而开始去做一些没必要的事。

如果"活用碎片时间"变成目的，就本末倒置了。

倒不如努力去做些只有在此时此地才能处理的事情，这才是关键所在。

比如说，一边整理大量的资料一边写企划案的工作就只有在自己的办公桌上才能完成。

但若是电话沟通约见事宜这种工作，即使不在办公室也可以随时用手机来处理。

"哪些是只有在这儿才能做的事？"

"哪些是在别处也一样能做的事？"

始终从这个角度来考虑的话，就能够把碎片时间恰当地活用起来了。

有人说我是"时间活用达人"。

对此我非常荣幸。写这本书的时候，我又对自己现在使用时间的方式重新进行了一次检验。

于是我发现，现在我的意识里并没有"碎片时间"的概念，取而代之的是对"只有在这儿才能做的事"和"在别处也一样能做的事"进行快速判断并马上付之行动的意识。

我在四十多岁的时候也曾很注重"碎片时间"，不过像现在这样不去特意关注"碎片时间"也能做到不浪费时间。

当然,现已 60 岁的我也并非总是在拼命工作。

专心写作的时候,我每写一个小时就休息 15 分钟。

在这 15 分钟的休息时间里,我会来一杯咖啡,同时活动一下身体或是听听喜欢的音乐。

休息好之后,再回去继续写作……我就是这样循环往复,有节奏地进行工作。

所以我们也不用过分纠结于碎片时间,只管把那些"只有在这儿才能做的事"迅速做完就可以。从效果上来看,这样做就相当于走了一条活用"碎片时间"的捷径。

把所有精力放在那些只有在此时此地才能做的事情上。

买一个扔两个

很多来过我家的朋友都说我家"像样板间一样"。

但实际上这间公寓已经是栋 25 年的老房子了,不管怎说都谈不上高级。大家说"像样板间"是因为家里没有布置太多的家具、家电或小摆设。

所有东西都是经过斟酌筛选后才留下来的。

东西多就要花更多时间去收拾，自由时间就被剥夺了。
拥有物品的多少与内心的富足不成正比。

三十多岁时，我也曾疯狂购买名牌货，坐外国汽车去兜风。

家里有很多买回来后一次也没碰过的皮包或西装。我还会时不时在冲动下购买一些并不适合自己生活方式的小物件，或是高档却不符合自己品味的家具……

我的生活被这些令人不舒服的物品包围着。

买东西不是因为需要而是"想要"。

现在看来，自己当时的这种购物方式真是幼稚。

如果一直那样下去的话，我家就要变成一个充满废物的"垃圾屋"了。

冲动购物本身会浪费很多钱，买回来后打理或收纳这些东西又会变相地花费金钱。

如果没有那么多东西，收拾和打扫起来都方便，家里的空间也会更多，生活起来感觉会更舒适。

如果能做到"只买必需品"，那么生活就能简约起来。

第七章 善用时间的小窍门

让我从一个冲动购物狂转变为"样板间主人"的,是一次搬家。

当时,我卖掉了一百多平方米的公寓,换了一间只有五十多平方米的房子。要想把之前所有的家具、家电以及零七八碎的小物件全都搬进新家的话,不开玩笑地说,我就只有站着睡觉了。

"我真的需要这个吗?"

我用这个问题去重新审视了每一件东西,那些让我无法立刻做出回答的东西就卖掉、送人或直接扔掉。

最后,我算了一下卖掉这些东西得到的钱的金额。

"天呐!有这么多钱啊?!"

我意识到,在这些没必要的东西上,我不仅耗费了很多精力,更损失了大量的时间——这可是用金钱买不到的宝贵财产啊!我已经受够了这种生活方式,所以绝不能重蹈覆辙!

于是我制定了一条新规则:

买一个,扔两个。

即便东西已经坏了或旧了,确实需要换个新的,我也不会立即去买。

更不会因为便宜而买。

决定是否购买的关键,是看这个东西能否被充分利用起来。

比如说要买一口锅,那这口锅必须是集"蒸、煮、烤、煎"等多种功能于一身并且可以被修理的。

而且,如果购买了一个满足上述条件的锅,那么就要扔掉两个现有的单一功能的锅。

"扔掉好可惜。"

"应该还能用⋯⋯"

如果自己还有这种想法的话就不要去买新的。这也是规则。

多亏了这条规则,虽然搬过来已经有 15 年了,但我家现在仍然保持着"样板间"的状态。

东西越多,自由时间就越少。

"每年回收 300 小时"的方法

说到整理和收拾,很多人会想到打扫房间或收拾东西。

但那并不是整理和收拾的全部含义。

第七章 善用时间的小窍门

整理，是处理掉不需要的东西。

收拾，是按自己的方式把物品调整到更方便好用的状态。

如果你不擅长整理和收拾，就先从下面这个方法开始吧。

若要对办公室进行整理和收拾，就先从自己的办公桌开始。

立刻清理掉与当前工作无关的东西：

① 没水的圆珠笔，② 用到很短的铅笔头，③ 发黑的橡皮，④ 过期的零食，⑤ 未签署的合同或没用的企划书，⑥ 装饰桌面用的相框、明信片或其他小摆设，⑦ 小盖毯或健康用具，⑧ 健康食品或化妆品，等等。

清理掉没用的东西，能省去多余的动作，行动就会更迅速，工作也就会更高效。

比如说，从100份文件中找出1份企划书所花的时间，和从10份文件中找出1份的时间相比，结果不用说，必然是后者更快。

如果是自己家，就从厨房开始着手。

因为对不善于整理和收拾的人来说，他们往往容易在需要与不需要的问题上犹豫不定。而厨房和其他场所相比，能更容易分辨出不需要的东西。首先，按照餐具柜、冰箱、水槽周边的顺序，找出不需要的东西：

① 过期的食物、调料，② 过时的健康食品，③ 用法不详的物品，④ 赠品，⑤ 外卖附带的小包装调味料，⑥ 基本不用的餐具。按照这些标准清理一番之后，厨房马上就会清爽起来，时间和空间也都能被更有效地利用起来。

据说一般公司员工每年花在找东西上的时间是 120 小时。如果按每个月工作 20 天来算的话，每天都要花 30 分钟来找东西。这么一说，可能很多人都会暗暗地想，"还真是这么回事呢"。

如果换成是在自己家里，那么这个时间就是每年 300 小时。

那些不擅长整理和收拾的人，或东西特别多的人，他们其实是在耗费掉自己人生中最宝贵的财产——时间。

如果用这 300 小时去做下面这些事又会怎么样呢？

- 复习准备资格考试➡更多加薪或晋升的可能性；
- 1 个小时看 1 本书➡每年看 300 本书，实现知识和智慧的大量积累；
- 与下属、同事或客户沟通➡人际关系更加协调，工作更容易出成果。

通过整理和收拾回收时间财产。

8

不存垃圾

"垃圾"不只是指脏东西。

拥有却不去使用的东西，一年只用几次却占地方的东西，以及喜欢但并无实际需要的东西全都算垃圾。

这么想想，是不是家里和办公室里满是垃圾呢？

会有这么多垃圾是因为有很多放垃圾的地方。

没错，正是由于制造了收纳垃圾的地方才使垃圾越来越多。存了很多过时的名牌货、几乎不用的餐具或文具，也是因为有很多地方可以收纳这些东西。

容器越大，人们就越想填满它。

人们总想要一些没什么用的东西，然后将其收藏起来。

所以要努力做到"从一开始就不预留收纳空间"。

不制造垃圾存放处不仅可以缩短找东西的时间，还能使空间和时间都宽裕起来。

然而，家里和办公室的垃圾桶还是建议选择大一些的。

这样可以利用人们"容器越大就越想填满它"的心理。

我会把信件中的广告、没用的文件、产品包装当即扔进大垃圾桶。在清理那些充满回忆的照片或礼物时确实会犹豫不定，不过当你看到大号垃圾桶的时候就会有一股想要把它们扔进去的冲动。

这类附带回忆的东西每种只留一件就好，其他的都清理掉。

你可以把回忆留在脑海里。大脑里的记忆是不需要占用空间的，需要的时候可以随时调取，所以我选择用这种方式来纪念。

大号垃圾桶让人更想扔东西，利用这种心理来清理垃圾。

9

只快速获取想要的信息

你为什么收集信息?

哪些是必须收集的信息?

事先搞清楚这些问题是信息收集的基础。

我是个作者、演讲者,同时还担任公司经营顾问。所以我会去收集一些对这些工作有用的信息,而这些信息会涉及多个领域。

- 房地产相关信息
- 保健方法
- 最新的美容方法
- 企业管理
- 工作方法

- 时间管理
- 畅销书

像这样把需要收集的信息进行分类，就不会在其他无关的信息上分心。

而且获得的信息可以按自己的方式来整理，这样更加便于理解。

可是，每天早上通过电视或网络新闻、行业报纸等媒体来获取相关信息会花很长时间。

收集到的信息不可能马上变成钱。

若是用有限的时间去进行信息搜集，到底什么时候才能转化为收益？

我也曾产生过这样的疑问。

于是我试着改变了方式。为了能缩短收集信息的时间，我按自己列出的每一类信息，分别在网上找到3位可信的相关领域的专家，并对他们发布的信息进行筛选，从中收集自己所需，而不是完全由自己去搜集信息。

通过这种方式，就可以获得经各领域专家整理过的信息。具体来说，每天早上我会通过下述两种方式来搜集信息：

① 通过社交网络关注专家博客上的更新信息
② 订阅专家发布的收费电子杂志

关注专家的博客是为了获取相关领域的最新信息。

而一定要去看收费信息是因为，那些信息不是模棱两可的观点或一般性论调，我可以从中汲取到专家个人的深入论断或具有独特视角的信息。

当然，从免费的资源中也可以获得优质的信息，但如果想快速获取有用的信息，专家的收费频道是必不可少的。

有时，我也会浏览一下网上的新闻，不过一般早上我只去关注上述①和②两项。这两项都做完用不了30分钟。

在收集信息上花费过多时间也是一种浪费。

关注报纸的广告和版面

以前，报纸指的就是"纸媒体"。而现在，报纸也逐渐电子化，并且已被很多人接受。大家追捧电子版报纸是有原因的——我们不再需要花时间找地方去保存和清理报纸了，通过搜索马上就能找到自己感兴趣的内容，外出时不用带着报纸也能够方便地浏览新闻，轻而易举就可以获取最新信息……而且我们还可以根据个人喜好，通过手机或平板电脑将一个版面直接呈现在屏幕上阅读，或者用电脑并排显示两个版面的内容。

我并不是说用电脑直接看电子版的信息不好，只不过就我个人而言，我一定会选择并推荐那种可以直接将完整版面呈现出来的浏览形式，同时订阅配送到家的纸质报纸。之所以这样建议，原因有二。

一个是可以得到"广告夹页"。

配送的报纸里多数都会夹有一些广告宣传页。这些可以成为了解当地经济动向的教科书。

通过浏览有关房地产交易的信息，你就可以详细了解自己住所附近的"房地产新闻"。

而超市或卖场的传单则能够让你对"物价趋势"更敏锐。

通过新店开张之类的广告，你又可以获得有关"当地经济形势"的信息。

广告夹页可以说是周边经济的风向标。

那些被认为是只给家庭主妇看的广告夹页，恰恰是商务人士需要的信息源。

第二个原因就是"报道的重要程度一目了然"。

通过电脑浏览电子版报纸的好处是可以准确获取需要的信息。但另一方面，这种电子版会将所有信息（报道）标题平铺在一起呈现，有时很难区分其重要程度。

而在纸质报纸上，我们则可以通过报道本身所占版面的大小立刻判断出其重要程度，了解该信息的社会影响力大小或是否是商务人士的必备信息。

具体来说，网上的"电子浏览方式"以秒为单位按时间顺序把新闻列表显示出来，而在纸质报纸的"传统浏览方式"中，每条新闻报道呈现出来的都是在版面上占据一定面积的"方格"。电子浏览方式更加便利，而传统浏览方式则更易于理解。

所以，我自己是纸质报纸派。对于那些平时喜欢用手机或平板电脑看新闻的朋友，我也建议用将报纸版面原样呈现出来的方式浏览。

这样做不仅可以获得自己关注或感兴趣的信息，而且还能看到很多有关社会形势和经济状况的报道，以及街头巷尾的人气话题、广告等各种各样的信息。你就可以将所有的题目浏览一遍以后，再从中筛选自己感兴趣的仔细阅读。

同时，我还建议朋友们可以将喜欢的当地报纸或经济类的报纸、行业报纸等多份报纸一起拿来做比较阅读。这样你就可以了解不同的出版社对同一个新闻的不同解读方式，从而获得更广泛的观点和见解。

除了"获得广告夹页"和"重要程度一目了然"以外,其实还有很多原因。比如,能够在没有网络的环境中随时读取新闻,可以把需要的报道剪下来整理成册等。我会将阅读纸质报纸的习惯继续坚持下去。

广告夹页中满载商务素材。

秒变写作高手的"快速文件制作法"

写东西慢。

——这是职场工作中的一大障碍。

你想说,"我又没想当个作家",可没有哪种工作是不需要写文件的,也不会因为你说一句"我不擅长写东西"就能了事。

就连我在工作中也不得不写各种文章和文件,但找不到下笔的感觉时真是一个字也写不出来。虽说遇到这种情况可以暂

第七章 善用时间的小窍门

且先去做别的事情,可当交稿期限临近时,还是不得不面对。

我有一套自己的"快速文件制作法",想在这里教给大家。

这种方法的关键就是"从形式入手"。

写文件前先在脑子里想好要写的内容后再开始下笔——这种方法对于会写文章的人来说自然没有问题,但对于不擅长写东西的人来讲还是行不通的。所以,我们可以先确定一个大致的框架,之后再往里面填入内容。

也就是"边跑边捡武器"。

先试着拟一个题目出来,然后可以把脑子里出现的关键词一一列出来——这些关键词基本上就是你关注的一些要点,接着把自己关于这些要点的想法草草记下来——这就等于把你脑子里的想法整理出来了,之后再将内容稍微做些调整就可以了。

对于不擅长写文章的人来说,先整理思路再下笔的话会浪费太多时间。而用我这种一边写一边整理思路的方法,就可以少花不少时间。

另外,我最近都基本没什么机会在电脑上用 Word 来写作了,反而经常用手写文件或写亲笔信。这些对不擅长写作的人来说也是很艰难的工作。如果字写得不好看,那就更艰难了。

很遗憾,我不知道该如何快速练出一手好字,但我知道几个能够稍微缓解这种艰难感,使最终效果看上去更好的方法。

比如,在书写工具上讲究一些。

我对手写时用的笔,在品牌和粗细上都有自己的讲究。我只用"斑马"牌的"Sarasa 0.5"型号。既不是0.4毫米,也不是0.7毫米,就是要用0.5毫米的笔。

为什么一定要用这种笔呢?

在准备资格考试期间,我需要经常写论文,所以特意去寻找可以久写不累的笔。当时,我甚至连万宝龙这种高档文具都试了个遍,可是所有这些笔不是太重就是不好书写,没有一个合适的。

就在最后要放弃寻找的时候,我看到了"Sarasa 0.5"。这种笔对我来说刚好合适,它写起来不费力也不会洇墨,更不会把手弄脏。

好像我用这支笔写出的字也变好看了。而且它的价格只有100日元左右,非常超值。不擅长写作的朋友一定要试一试。

如果你在写企划书等文件时不知该如何下笔的话,我这里还有一个方法。你可以先把自己的想法或意见用手机或录音笔录下来,之后再一边听一边总结。

如果无法把自己的想法整理成文章,可以先把浮现在脑子里的话说出来。

并不是说给别人听,所以即使没有条理也没关系。先从容易说的地方开始说,之后再认真听。然后,把录下来的语言写出来变成文字,并按照你的思路整理成一篇文章。

用这个方法不仅可以加快写作的速度,还能锻炼听和总结的能力,从而强化思考能力和理解能力。

不擅长的事就从形式入手。

早晨按照"一早、一早"的规则行事

看看我身边那些成功人士你就会发现,他们绝大多数都是"早晨一族"。

● 他,即使前一天加班到很晚,也会在早上6点起床,做完英语会话训练以后去上班。

● 她,避开早高峰的拥堵时段提前到公司,当大家陆续来上班的时候，她已经做好了工作的准备。

- 他，每天早晨跑步锻炼身体。

成功人士通过有效利用早晨时间都能有所收获。

早晨没有电话和邮件的干扰，是唯一完全属于自己的宝贵时间。而且，人在早晨时身心都非常舒畅，做任何事也都能更顺畅。

而在夜晚，经常会有临时的加班或聚会，让人很难实现自己的计划。而且此时已经辛苦工作了一天，是人最疲惫的时段，就算是强打精神去学习或锻炼身体，也收不到很好的效果。

与其这样，不如泡个热水澡后直接去睡觉，把这些留到第二天早晨起床后的自由时间里去做。

都说"早上的1个小时相当于晚上的3个小时"，但实际试过之后会发现，其实你并没有那么多能够高度集中注意力的时间。

如何利用早晨的时间，不同的做法带来的结果有天壤之别。你的习惯将决定你是成功还是失败。

拿我自己来说，就像前面讲过的，我每天"凌晨2点起床"，然后会按照"一早、一早"的规则来利用早晨的时间。

第七章 善用时间的小窍门

① 把商务谈判等重要的工作放到"一早"

也就是说在大脑反应最敏捷的时间去做重要的工作。

据说人的大脑在起床后的 3~5 个小时里是最活跃的。

假如一个人早上 6 点起床，那么他的大脑在上午 9~11 点之间是最灵活的。所以，要把困难的工作或是必须要做出成效的工作安排在这个时间段。

其中，尤其是推销新产品或与客户商谈价格这类用数字说话的工作，最适合放在早上来做。

一天伊始，人动力十足，脑子转得也快，还不用担心电话或咨询的打扰，能够精力充沛地投入工作，自然也能收获显著的成果——这真是个"黄金时间"啊。

再有，虽说推荐大家把需要与人打交道的工作放在大脑交感神经最为活跃的下午来做，但有时候也可以尝试主动提议把洽谈安排在早上——

"您是早上 9 点到公司吧？那我就 9 点去拜访您如何？"

这样做有几个原因。首先，一般很少会有人约在一大早见面，所以这个时间对方肯定有空，当然更不会碰到那种因为约在稍早时段的客人谈话拖延而需要等待的情况，也就避免了时间的浪费。

再有，即使上班时间是早上 9 点，在 9 点钟时也很少会有人是已做好开始工作的准备并进入全速运转状态的。而大多数人到公司以后都是"先来泡杯茶再说"。

若是趁对方漫不经心、尚未调整到工作状态的早上去拜访他并进行业务洽谈的话，你一定能占据主动从而主导洽谈的方向。

"把商谈放在一大早"不仅不用焦急等待，还能够掌握商谈的主导权，绝对有事半功倍的效果。

这些都是在我经营企业的时候非常有效的方法。

② "一早"先去处理烦人的事情

总有一些你不想干、很无聊、没心情做，但是又不得不做的重要工作。

比如，我在管理公司的时候，最不愿意做的就是人事方面的工作。有时为了教导员工必须要使用一些严厉的词语，可是我其实非常不擅长教导别人，即使是经过用心斟酌字句后的充满感情的发言，也常担心会让听众不舒服。

但如果对错误的事情坐视不管，就会影响到其他员工的士气；若是因一时不知该如何措辞而暂且搁下不提，心里就会总惦记着这件事；"必须尽快说，不说的话情况会越来越糟"，这种焦虑也会影响自己的想象力和行动力。

像这样把必须要做的事情往后拖延，人并不会变得轻松起来，也没有一点儿好处。

所以，越是烦人的事情就越要尽早做。一早起来先处理这些烦人的工作，之后便可以舒舒服服地做其他轻松的工作了。这也是一条铁律。

若一早就完成了一件烦人的工作，那么从中获得的成就感还能很好地推进之后的工作，而且这一整天都不会再感觉到工作带来的压力。

重要的工作一早做。
烦人的事情一早处理。

若按照这个"一早、一早"的规则行事，就能减少时间的浪费，并能够时刻精力充沛地投入工作。

能把握住早晨，就能掌握时间的主导权，并出色地完成工作。

结　语
提高时间密度的魔法咒语

首先，感谢您陪我一起走到了这里。您觉得臼井式时间管理法怎么样？

本书是我根据自己的亲身体验总结出来的一些方法，可能并没有形成一个非常严谨的体系，但至少在下面几点上，我还是有自信的。

虽然称不上华丽，但都是一些在实践中非常管用的方法。

在我介绍的这么多活用时间的方法中，如果说有一个是希望您明天（可以的话最好今天就开始）就去应用的，那一定就是您要尽量去增加一些自己可以自由使用的时间。

如果您用这些时间去尝试更多自己喜欢的事，实现更加充实的人生，那么我作为作者将感到无上荣幸。

不知您是否还记得，我最初意识到时间的重要性，是在我

结　语
提高时间密度的魔法咒语

结婚三个月后丈夫被查出患癌症晚期的时候。

当时他曾对我说："我希望你可以让我确信，我让你接任社长是正确的。"

那时剩下的时间已经不多了。可能是半年，也可能是3年，到底还有多少时间谁也不知道。我就好像是在和看不见的时间比赛一样。

我希望能让丈夫开心，能实现他的愿望。抱着这种信念，我拼命思考如何能最大限度地有效利用自己所掌握的方法、知识以及时间。这就是臼井式时间管理的出发点。

虽然现在丈夫已经去世，但正是因为他，我这种"怎么才能更有效率""如何才能减少时间的浪费"的思考方式才形成了习惯。而我也得以做想做的事，见想见的人，过着自己充实的人生。

33岁以前连"优先顺序"这种词的意义都搞不清楚的我，现在竟然有了如此惊人的转变。现在还是"时间穷人"的朋友若稍加努力，想必一定能够成为"时间富人"。

时间管理对我来说是开朗乐观的生活中必不可少的重要技巧。这也许是丈夫送给我的一件礼物。

我也有一件礼物要送给读者朋友们。

那是一句有魔力的咒语，只要一想到它就能让你更接近"时间富人"。

——"SIGDA",嗯,一起念"赛疙瘩"。

对于一件复杂或烦琐的事情,人们往往很难坚持下去。但只要想一想这句咒语,不管是谁都能够成为时间的富人。

没有时间把这本书重读一遍的朋友,只要记住这句咒语,就一定能提高你的时间密度。

"S" = Simple = 简单

人们倾向于认为困难或复杂的事情都是上等的、高级的。但也正因为觉得很难,经常会在离成功还差一步的地方就放弃了。

最后收到的成效与付出的时间不成比例。与其这样,我们不如把所有的事情都想得"简单"些,这样在梳理思路和付诸行动的过程中都可以减少时间的浪费。

"I" = Interesting = 兴趣

假如现在有两件同等重要的事需要去做,那么就优先去做自己更有兴趣的那一件。

这样不仅可以节省时间,还更容易维持动力,最终获得成果。而且,动力强劲还能使后续的行动更加顺畅。

"G" = GreyTime = 灰色时间

"灰色时间"是指,没有在工作,也没有在玩儿,也不是在休息——就是什么都没做的时间。

"反正是要失败的。"

"真不想给他打电话。"

当你在这些事情上伤脑筋,把一些必须做的事暂且搁置留待以后再做时,或在反反复复的犹豫不定中所耗费的时间,就是"灰色时间"。越是爱抱怨"没有时间"的人,他们的"灰色时间"就越多。如果想充分利用时间,首先就要想办法减少"灰色时间"。

"D" = Decision = 决断

我规定自己要在 15 分钟之内做出决断。超过 15 分钟还无法做决定的事情,就是没必要再去花时间思考的事情。

有的人喜欢在计划或事物上慢慢地、仔细地权衡选择。到底哪种方式更好,因人而异。但我确实没有在将做决断的时间延长后得到满意成果的经历。

"A" = Action = 行动

在一定期限内完成目标,言出必行。越推迟,浪费的时间就会越多。这点大家一定要谨记。